ACCESS
SPANISH
Support Book

ACCESS
SPANISH
Support Book

María Utrera Cejudo
Series editor: Jane Wightwick

Hodder & Stoughton
A MEMBER OF THE HODDER HEADLINE GROUP

Orders: please contact Bookpoint Ltd., 130 Milton Park, Abingdon, Oxon OX14 4SB. Telephone: +44 (0) 1235 827720, Fax: +44 (0) 1235 400454. Lines are open 9.00–6.00, Monday to Saturday, with a 24-hour message answering service. You can also order through our website: www.hodderheadline.co.uk

British Library Cataloguing in Publication Data
A catalogue entry for this title is available from The British Library.

ISBN 0 340 81698 8

First published 2004
Impression number   10 9 8 7 6 5 4 3 2 1
Year   2010 2009 2008 2007 2006 2005 2004

Typeset by Transet Ltd., Coventry, England.
Printed in Great Britain for Hodder & Stoughton Educational, a division of Hodder Headline, 338 Euston Road, London NW1 3BH by Bath Press Ltd, Bath.

Contents

SOLUTIONS TO EXERCISES

UNIT 1

1 ¿Empezamos?

A ✓ Name, ✓ Nationality, ✓ Address, ✓ Profession, ◯ Marital status, ✓ Telephone no.

B 1 ¿Cual es su nombre? 2 ¿Cuál es su dirección? 3 ¿Cuál es su profesión? 4 ¿Cual es su nacionalidad?

C **Partner A:** ¿Cuál es su nombre? / ¿cómo se llama?

Partner B: Me llamo …

D llamo, nombre, apellido, Yo, Encantado.

2 ¿Usted o tú?

C 1 Hola, ¿qué tal? 2 Hola / Buenos días, ¿cómo estás? 3 Hola, ¿qué tal? 4 Buenas tardes, ¿cómo está? 5 Buenos días, ¿cómo está?

D 1 Muy bien, gracias, ¿y tú? 2 Regular, ¿y tú? 3 Fatal, ¿y usted? 4 Bien, gracias, ¿y tú? / ¿y usted? 5 Mal, mal, ¿y tu? / ¿y usted?

E

	formal	informal	a.m.	p.m.
1	✓		✓	
2		✓	✓	
3		✓		✓
4		✓	✓	
5		✓		✓

3 Los números

A

Número ganador		Número ganador	
78426	✓	93578	✓
57692	◯	68462	✓
63714	◯	73914	◯

4 ¿Quién soy?

A **a** Carmen, **b** Holgar, **c** Marie, **d** Fabio.

B 1 I am a mechanic. 2 I am Spanish. 3 I am from Berlin. 4 I live in Edinburgh. 5 I am French. 6 I am an architect.

C 1 **a**, 2 **a**, 3 **b**, 4 **b**, 5 **c**, 6 **d**.

5 Preguntas

B

– Fabio, ¿eres italiano?

– Sí, soy italiano de Módena.

– ¿Cuál es tu profesión?

– Soy arquitecto.

– ¿Vives en Módena?

– No, vivo en Roma.

– Marie, ¿eres francesa?

– Sí, soy francesa, de París.

– ¿Cuál es tu profesión?

– Soy estudiante.

– ¿Vives en París?

– Sí, vivo en París.

C ¿Cuál es tu nombre? / ¿Cómo te llamas?

¿Cuál es tu nacionalidad?

¿Cuál es tu profesión?

¿Cuál es tu dirección?

¿Cuál es tu número de teléfono?

D

Nombre	Pablo	Dieter	Jean
Nacionalidad	español (de Galicia)	alemán (de Frankfurt)	francés (de París)
Profesión	estudiante	estudiante	arquitecto
Teléfono	982 226 397	69 943 5236	01 42 75 35 28

6 El abecedario

B
- ◯ Hernández
- ✓ García
- ◯ Martín
- ✓ Martínez
- ✓ Fernández
- ◯ Gracia

C
- Brazil ✓
- Bahamas ✓
- Dominican Republic ◯
- Canada ✓
- Haiti ✓
- Argentina ◯

Descubre el mundo hispano

A Andorra, Argentina, Bolivia, Chile, Colombia, Costa Rica, Cuba, Ecuador, El Salvador, Spain, the USA (in some areas), Guatemala, Ecuatorial Guinea, Honduras, Mexico, Nicaragua, Panama, Paraguay, Peru, Puerto Rico, Dominican Republic, Sahara, Uruguay, Venezuela.

B California, New Mexico, Colorado, Arizona, Texas, New York and Florida.

UNIT 2

1 ¿Qué recuerdas?

A 1 d, 2 c, 3 a, 4 e, 5 b, 6 f, 7 h, 8 g.

B 1 *possible questions*: ¿Cómo te llamas?, ¿Eres estadounidense?, ¿Vives en Santa Mónica/California?, ¿Cuál es tu profesión?
2 Me llamo Lynn. Sí, soy estadounidense, de Santa Mónica. No, vivo en Ciudad de México. Soy estudiante.

3 Hola, me llamo Lynn. Soy estadounidense, de Santa Mónica, California, pero vivo en Ciudad de México. Soy estudiante.

C 1 ¿Cómo se llama? 2 ¿Dónde vive? 3 ¿Cuál es su nacionalidad? 4 ¿Cuál es su profesión? 5 ¿Cómo te llamas / se llama? 6 ¿Cuál es tú / su nacionalidad?

2 ¿Qué haces/hace?

A 1 **d**, 2 **e**, 3 **f**, 4 **a**, 5 **b**, 6 **h**, 7 g, 8 **c**.

B **a** Soy enfermera. **b** Soy oficinista. **c** Soy camarera. **d** Soy profesor. **e** Soy secretaria. **f** Soy médico. **g** Soy recepcionista. **h** Soy abogada.

C 1 Soy profesor, trabajo en un colegio. 2 Soy secretaria, trabajo en una oficina. 3 Soy médico, trabajo en un hospital/una clínica. 4 Soy enfermera, trabajo en un hospital / una clínica. 5 Soy oficinista, trabajo en una oficina. 6 Soy abogado, trabajo en un tribunal. 7 Soy recepcionista, trabajo en una clínica/una oficina. 8 Soy camarera, trabajo en un bar.

D trabajas, trabajo, trabaja, trabaja, trabajas, trabajo

3 De dónde eres/es?

A 1 **f**, 2 **e**, 3 **g**, 4 **d**, 5 **i**, 6 **j**, 7 **b**, 8 **c**, 9 **h**, 10 **a**.

B 1 **i** brasileña, 2 **b** japonesa, 3 **f** canadiense, 4 **d** argentina, 5 **e** cubana, 6 **j** filipina, 7 **a** italiana, 8 **h** francesa, 9 **c** rusa, 10 **g** boliviana.

C 1 Carmen is from Madrid, not Barcelona, but lives in Barcelona, not Madrid. 2 Juan is a doctor, not a waiter, and he works in a hospital, not a restaurant. 3 Correct.

4 ¿Qué lenguas hablas/habla?

A

Person	Nationality	Language
Claudia Schiffer	alemana	alemán
Robbie Williams	inglés	inglés
Antonio Banderas	español	español
Gwyneth Paltrow	estadounidense	inglés
Pelé	brasileño	portugués
Maradona	argentino	español

B *Example:* Me llamo Antonio Banderas. Soy español, de Málaga, pero vivo en California. Hablo español e inglés.

5 Más números

A ¿Cuál es su/tu número de teléfono?

B

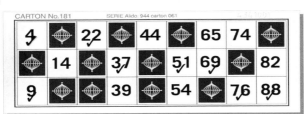

C *These numbers do not appear*: 15, 21, 53, 67, 99.

6 ¿Cuántos años tienes/tiene?

B *Correct ages*: Ricardo 28, María 30, Guillermo 3, Adso 2.

C te llamas, Me llamo, Eres, soy, eres, Soy, haces, Soy, trabajo, estudio, hablas, Hablo, vives, Vivo, Vives, es.

D

Nombre	Nacionalidad	Vive en...	Profesión	Lenguas	Edad
Guillermo	cubano	Nueva York	taxista	inglés/español	49 años
Julio	argentino	Madrid	contable	español/italiano	40 años
Luisa	colombiana	Bogotá	directora	español/francés	35 años

Descubre el mundo hispano

A Cataluña, Valencia y las Islas Baleares = catalán; Galicia = gallego; País Vasco = vascuence.

B 1 Madrid is the capital.
2 12 October is the national day.
3 € is the currency.
4 Castilian is the official language.
5 504.750 km^2 is the total area.

6 The Iberian Peninsular is in the south-west of Europe and is where Spain (and Portugal) is situated.
7 39.181.114 is the population of Spain. 8 Constitutional monarchy is the form of government. 9 99% of the population are Catholic. 10 2% of people speak Basque.

UNIT 3
1 ¿Qué recuerdas?

A 1 López Tello. 2 Valdepeñas.
3 Tiene ... años. (*Answer depends on the current date:* she was born 3/12/80.) 4 Es periodista. 5 Es española, de Valdepeñas. 6 926-31-21-49. 7 Español e ingles. 8 En *El Canfali* (*the local paper*).

2 Mi familia

A 1 Luisa, 2 hija, 3 madre, 4 hijo,
5 hermano, 6 marido.

B 1 **f**, 2 **g**, 3 **j**, 4 **i**, 5 **e**, 6 **h**, 7 **a**,
8 **d**, 9 **b**, 10 **c**.

C

abuela, hermano, hijo, madre,
marido, mujer, nieto, primo,
sobrino, tío

D *male relationships:* hermano
(hermana), hijo (hija), marido
(mujer/esposa), nieto (nieta),
primo (prima), sobrino (sobrina),
tío (tía).

female relationships: abuela
(abuelo), madre (padre), mujer
(marido).

E *Informal:* 1 ¿Tienes primos?
2 ¿Tienes tíos? 3 ¿Tienes hijos?
4 ¿Estás divorciado/a?

Formal: 1 ¿Tiene primos?
2 ¿Tiene tíos? 3 ¿Tiene hijos?
4 ¿Está divorciado/a?

Answers: 1 Tengo … primos. /
No tengo primos. 2 Tengo …
tíos. / No tengo tíos. 3 Tengo …
hijos. / No tengo hijos. 4 No,
estoy soltero/a / casado/a. / Sí,
estoy divorciado/a.

F 1 ¿Cuántos primos tienes?
2 ¿Cuántos tíos tienes? 3 ¿Cuántos
hijos tienes? 4 *Can't be rewritten
with* **cuántos**.

3 ¿Tenéis hijos?

A tengo, se llama, tenemos,
trabajan, son, vivimos, hablamos,
tenéis.

B 1 los abuelos, 2 los tíos, 3 los
amigos, 4 los actores, 5 los primos,
6 las mujeres.

C 2 Dos, un hijo y una hija. 3 El
hijo se llama Antonio y la hija
Isabel. 4 Antonio estudia arte en la
universidad y Isabel estudia lenguas.
5 Antonio vive en la residencia
universitaria y Isabel vive con una
amiga.

E 1 Éste, 2 ésta, 3 Ésta, 4 Éstos,
5 éstas, 6 estos.

4 Mi madre, tus hermanos

A 2 mi, mi 3 tu, tu 4 su, sus 5 su,
sus 6 su, su 7 tu, tu 8 Éste, mi, mi
9 Éste, su, su 10 Ésta, su, su
11 Éstos, mi, mis 12 Éstos, sus, sus.

B Ésta, mujer, mi, está, Éstas, hijas,
se llaman, están, Éstos, se llaman,
tienen, sus, tienen, sus, mis, se
llaman.

5 Las características físicas:
¿Cómo eres?

A 1 Little Red Riding Hood is
small. 2 Little Red Riding Hood is
pretty. 3 Little Red Riding Hood and
the grandmother are slim. 4 The
hunter is tall. 5 The hunter is
strong. 6 The wolf is ugly. 7 The
wolf is fat. 8 The grandmother is
old. 9 The hunter and the wolf are
big.

B 1 alto, fuerte 2 pequeña,
delgada /guapa 3 vieja, delgada
4 feo, gordo.

C 1 **d**, 2 **c**, 3 **b**, 4 **a**, 5 **f**, 6 **e**.

D 1 alto–bajo, 2 guapa–fea,
3 largo–corto, 4 liso–rizado,
5 grande–pequeño,
6 rubia–morena.

F *Examples*:
Caperucita es: pequeña, delgada,
guapa y rubia.
La abuela es: delgada y vieja.
El cazador es: alto, fuerte y
grande.
El lobo es: feo, gordo y grande.

6 La personalidad: ¿Cómo eres?

A 1 **c**, 2 **e**, 3 **a**, 4 **h**, 5 **b**, 6 **g**, 7 **f**,
8 **i**, 9 **j**, 10 **k**, 11 **l**, 12 **m**, 13 **d**.

B 1 Ana–Luis, 2 Luisa–Carlos,
3 Diana–Enrique.

C 1 Her name is Estela. She is
Venezuelan, from Maracaibo, but
she lives in Caracas with her father
and her sister. She's 19 years old.
Her parents are divorced. She is very
shy and studious, she sometimes
wears glasses, her eyes are small
and very lively. She's quite tall and
slim. She has long, red, curly hair
and brown eyes. 2 Her father is
short and dark, with short, straight,
black hair. His eyes are green, and
he has a slightly grey beard and
moustache. He is a postman and he
works in the post office. He is kind,
optimistic and hard-working, but a
little bit mean. 3 un poco tacaño,
seria y aburrida. 4 Her sister is a
flight attendant. She works in the
airport and she also speaks English
and French. She is tall, slim, red-
haired and she has brown eyes and a
lot of freckles. She is very serious
and boring, but very generous.

5 (*possible answer*) She is timid and
studious.

Descubre el mundo hispano

A 1 False (only four). 2 True.
3 False (she competed with a
Miss World). 4 False. 5 True.

B They are very beautiful (the
previous information is a joke).

UNIT 4

1 ¿Qué recuerdas?

A 1 True. 2 True. 3 True. 4 False (his brothers are engineers and his sister is a model). 5 Don't know. 6 False (tall and slim).

B (Yo) soy pintor. Soy mexicano, de Guadalupe. Tengo cuarenta años, soy simpático, optimista, trabajador y muy extrovertido. Estoy casado con Paula que es estadounidense, de Dallas. Es diseñadora. Tengo dos hijos: Carlos, mi hijo, tiene doce años y Eva, mi hija, tiene diez. Mis hermanos se llaman José y Luis Fernando, son ingenieros, y Carmen, mi hermana, es modelo. Carmen es morena, alta y delgada, tiene los ojos marrones y el pelo negro y rizado, es muy guapa. Está soltera y vive conmigo, Paula y mis hijos / con nosotros.

C Oxana is 24 years old, black and with green eyes; the first Russian woman to win Miss Universe; she is beautiful, stylish, elegant and intelligent. She is currently teaching at the Ministry of the Interior University in St Petersburg, where she is also studying for a post-graduate qualification, having already obtained a law degree.

2 En el estanco

A The customer buys two postcards and two stamps for the United States.

C 1 True. 2 False (only English, French and German). 3 True. 4 False (none). 5 True.

D 1 **d**, 2 **g**, 3 **a**, 4 **f**, 5 **c**, 6 **e**, 7 **b**.

E 1 pan, 2 zapatos, 3 vino, 4 mapas, 5 vestidos.

3 Más números

A 1 **b**, 2 **d**, 3 **f**, 4 **e**, 5 **a**, 6 **c**.

B **a** trescientos ochenta y dos
b cuatrocientos setenta y ocho
c doscientos sesenta y siete
d quinientos quince
e ciento veinticinco
f novecientos setenta y seis

4 La alimentación

A *En el frigorífico*: la cerveza (beer), la leche (milk), la fruta (fruit), la carne (meat), el pescado (fish), el vino blanco (white wine), el jamón (ham), el queso (cheese).

En el armario: el café (coffee), el té (tea), el azúcar (sugar), el vino tinto (red wine), las galletas (biscuits), el pan (bread), el arroz (rice), la mermelada (jam).

B 1 la, 2 las, 3 los, 4 la, 5 la, 6 el.

C La ternera (argentina), las almejas (de San Lucas de Barameda), los plátanos (canarios), el queso de cabrales.

D 100 gramos de jamón, queso
un paquete de café, té, galletas
4 latas de cerveza
un kilo de carne, pescado
una caja de galletas
una barra de pan
una bolsa de arroz, azúcar
dos kilos de fruta
un litro de leche
dos botellas de vino blanco, vino tinto
un bote de mermelada

E la lata de guisantes, la cebolla y la botella de aceite (*the tin of peas, the onion and the bottle of oil*).

F 1 250 gramos de jamón de York, 1/4 kilo de queso gallego, una lata de atún, una botella de aceite. 2 galletas digestivas (*digestive biscuits*). 3 7.40€.

5 La moda

B *Examples*:

1 Un bañador, unos pantalones cortos, unas camisetas, unas sandalias … 2 Una cazadora de esquiar, un pantalón de esquiar, unas botas de esquiar, unos jerseys … 3 Una cazadora, unos pantalones vaqueros, un jersey, unas botas …

C

	Item	Colour wanted	Price	Do they buy it?
Customer 1	T-shirt	blue	24€	✓
Customer 2	trousers	red		✗
Customer 3	dress	white		
Customer 4	shirt	pink	42€	✓

D lo, Lo, cuadros azules y amarillos, lo, lo, lo, lo, lo, Lo.

E *Examples*:

unas botas rojas de piel: Son bonitas.

Es una falda de cuero marrón: Es cara.

Son unos pantalones de cuadros azules, amarillos y rojos: Son feos.

Es un vestido: Es grande/ancho y barato.

F 1 *Example:* El lleva una camiseta de algodón negra y pantalones blancos. Ella lleva una falda blanca y una camiseta (sin mangas) de seda estampada.

Descubre el mundo hispano

A 1 When he was 18, to study painting at the San Fernando Academy in Madrid. 2 Balenciaga, Elizabeth Arden … 3 1965. 4 2001. 5 Belts, jewellery, shoes, scarves and bags.

B 1 **a**, 2 **d**, 3 **b**, 4 **e**, 5 **c**.

UNIT 5

1 ¿Qué recuerdas?

A 1 **c**, 2 **b**, 3 **c**, 4 **b**, 5 **b**.

B **a** Buenos días.

Hola, buenos días.

¿Qué desea?

¿Tiene vinos españoles?

Sí, tenemos vinos de Rioja,
Ribera del Duero, Valdepeñas,
Ribeiro y Penedés.

b ¿Cuánto vale el Rioja?

¿Lo quiere tinto o blanco?

Lo quiero tinto.

Éste está de oferta, son 20€ .

No, ése es muy caro.

c El vino de Valdepeñas es muy
bueno y es más barato.

¿Cuánto vale?

Vale 10€.

Quisiera una botella de vino
tinto.

¿Algo más?

Sí, otra botella, de Ribeiro.

¿Lo quiere tinto?

No, blanco.

d Muy bien, ¿algo más?

No, gracias, ¿cuánto es todo?

Son 25€.

Aquí tiene.

Y 5€ de cambio, ¡gracias!

De nada, ¡adiós!

¡Adiós!

D 1 True. 2 False (two). 3 True.
4 True. 5 True.

2 En el bar

A 1 False (with a friend). 2 True.
3 True. 4 False (He has tortilla,
chorizo…).

B 1 11: tabla de embutidos,
jamón serrano, pata negra, lomo
ibérico, chorizo al vino, pollo al ajillo,
carne adobada, pincho moruno,
albóndigas con tomate, morcilla de
Burgos, croquetas de jamón.

2 10: pulpo a la gallega,
mejillones a la vinagreta,
boquerones en vinagre, gambas a la
plancha, gambas al ajillo, gambas
rebozadas, calamares a la romana,
sepia a la plancha, sardinas a la
plancha, croquetas de pescado.

3 17: aceitunas variadas,
almendras saladas, patatas a lo
pobre, patatas al alioli, patatas
bravas, tortilla de patatas, pimientos
asados, asadillo, pisto manchego,
berenjenas de Almagro, calabacines
rellenos, champiñones al ajillo,

revuelto de setas, tabla de quesos, queso manchego, queso de cabrales, queso gallego.

C Tortilla (de patatas), chorizo, pollo al ajillo, pulpo a la gallega, tabla de embutidos.

D Una botella de tinto reserva, dos cañas, un refresco de limón, una Coca-Cola.

E 1 *Any of these:* aceitunas variadas, almendras saladas, patatas a lo pobre, patatas al alioli, patatas bravas, tortilla de patatas, pimientos asados, asadillo, pisto manchego, berenjenas de Almagro, calabacines rellenos, champiñones al ajillo, revuelto de setas, tabla de quesos, queso manchego, queso de cabrales, queso gallego.

2 *Any of these:* tabla de embutidos, jamón serrano, pata negra, lomo ibérico, chorizo al vino, pollo al ajillo, carne adobada, pincho moruno, albóndigas con tomate, morcilla de Burgos, croquetas de jamón.

3 *Any of these:* pulpo a la gallega, mejillones a la vinagreta, gambas a la plancha, gambas al ajillo, gambas rebozadas, calamares a la romana, sepia a la plancha, sardinas a la plancha, croquetas de pescado.

4 *Any of these:* chorizo al vino, carne adobada, pincho moruno.

5 *Any apart from:* patatas al alioli, tortilla de patatas, tabla de quesos, queso manchego, queso de cabrales, queso gallego, croquetas de jamón, croquetas de pescado, gambas rebozadas, calamares a la romana.

3 Cenar o comer fuera

A Primer plato

Ensalada mixta, Plato de la casa, Sopa del día, Especialidad del chef

Segundo plato

Besugo al horno, Merluza a la romana, Lenguado a la plancha, Especialidad de la casa, Pescaditos fritos, Pechuga de pollo gratinada, Cochinillo, Ternera empanada, Chuletas de cordero lechal

Postres

Flan de la casa, Tabla de quesos, Macedonia de frutas, Helados variados

B 1 de la casa (casera): *of the house*. Especialidad de la casa. 2 del día: *of the day*. Sopa del día. 3 mixta: *mixed*. Ensalada mixta. 4 varios: *selection of*. Helados variados.

C 1 A selection of ice cream (vanilla, chocolate and strawberry). 2 A breaded fillet of veal (with potatoes and salad). 3 Soup of the day. 4 A selection of cheeses with grapes.

D *Primer plato*

Plato de la casa × 2

$$10,76€ × 2 = 21,52€$$

Segundo plato

Lenguado a la plancha	11,89€
Chuletas de cordero	16,34€
El tinto de la casa	9,02€
Café × 2	(Invita la casa)
TOTAL	58,77€

E The house wine is not Rioja, it is Valdepeñas. The house speciality is not fish, it is cold meat. The lady ordered lemon sole, not swordfish.

4 Me gusta la paella

A te gusta, Me gustan, Te gusta, le gusta, le gustan, le gustan, te gusta, Me gustan.

C *Examples*: 1 Estos champiñones me gustan muchísimo. 2 Estas judías me gustan mucho. 3 No me gusta la carne. 4 Este vino me gusta muchísimo.

D They thought the lamb chops were very good and the lemon sole was delicious. They liked the house speciality a lot, and the wine was very good, too.

5 ¿Le apetece un licor?

A/B *Examples*:

1 ¿Quieres otra cerveza? Vale.

2 ¿Quieres bailar? / ¿Te apetece bailar? No, gracias.

3 ¿Te apetece comer fuera? Lo siento, no puedo.

4 ¿Te apetece salir a tomar algo? Muy bien.

5 ¿Quieres ver una película? Vale.

6 ¿Quieres ir de compras? Lo siento, no puedo.

C 1 Un licor de manzana o de melón. (An apple liqueur or a melon liqueur.) 2 No, it is on the house. (No, invita la casa.)

Descubre el mundo hispano

A 1 Mexican and American ingredients and methods of preparation. 2 Convenience foods, like frozen and tinned food. 3 Beef, tomato, mushrooms, kidney beans, jalapeno peppers and chilli powder. 4 No.

UNIT 6
1 ¿Qué recuerdas?
A

Bebidas	Carnes	Pescados	Mariscos	Verduras
Vino tinto	Chorizo al vino	Sardinas a la plancha	Calamares a la romana	Patatas bravas
Cerveza			Gambas al ajillo	Tortilla de patatas
Cava			Pulpo a la gallega	Champiñones rellenos

B 1 cliente, 2 camarero, 3 cliente, 4 cliente, 5 camarero, 6 camarero, 7 cliente, 8 cliente, 9 camarero, 10 camarero.

2 ¿Qué hay en tu pueblo?

A bares ✓, palacios ✓, catedrales ✓, restaurantes ✓, teatros ✓, tiendas ✓, galerías de arte ✓, museos ✓, playa ✗.

B / C Hay cinco farmacias, algunas plazas, algunos cines, varios teatros, varias cervecerías, muchos aparcamientos y muchísimos restaurantes. No hay hospitales.

3 ¿Dónde está la Puerta del Sol?

A Map C.

B 1 **g**, 2 **e**, 3 **b**, 4 **c**, 5 **d**, 6 **f**, 7 **a**, 8 **h**.

C 1 Está en el centro de Madrid. 2 Está por aquí. 3 Está en el noroeste de Madrid. 4 Está cerca. 5 Está en el sureste de Madrid. 6 Está muy cerca. 7 Está en el sur de Madrid. 8 Está en el norte de Madrid (Colmenar Viejo).

4 ¿Ser o no ser?

A 1 Soy Sabrina, soy directora. 2 ¿Cómo estás? / ¿Qué tal? –Regular. 3 ¿Dónde está tu jefe? 4 ¿Estás soltera? –Sí, estoy. 5 ¿De dónde eres? –Soy de Oscos. 6 ¿Oscos? ¿Dónde está Oscos? 7 Está en Asturias, España. 8 ¿Es éste tu novio? 9 No, éste es pequeño, feo y antipático. 10 Mi novio es alto, rubio, guapo, fuerte y muy simpático.

5 ¿Dónde está(n)?

A 1 ¿Dónde está el ayuntamiento? 2 ¿Dónde están los bares? 3 ¿Dónde está la comisaría? 4 ¿Dónde están las tiendas? 5 ¿Dónde está la catedral? 6 ¿Dónde está la plaza?

B 1 Correcta. 2 Correcta. 3 Correcta. 4 Incorrecta (detrás). 5 Correcta. 6 Incorrecta (izquierda). 7 Incorrecta (entre el ayuntamiento y la iglesia). 8 Incorrecta (derecha). 9 Correcta. 10 Correcta.

C

La plaza no está detrás del bar y del hotel, está delante.

La comisaría no está detrás de la iglesia, está al lado de la iglesia (en la esquina).

El parque no está muy lejos, está allí, lejos del aeropuerto.

D 1 **c**, 2 **f**, 3 **d**, 4 **g**, 5 **a**, 6 **e**, 7 **b**.

E 1 and 4.

F *Example*:

Desde el metro Sol salida Comunidad de Madrid: tuerces a la izquierda, y tomas la primera a la derecha y la segunda a la izquierda, luego todo derecho y tomas la primera a la izquierda y mi casa está allí al final de la calle.

G

	Correcta	Incorrecta	Te lleva a ...
1		✓	Calle de Guatemala
2	✓		
3		✓	Las Encinas

6   ¿Qué tiempo hace?

A   *Examples*:

1 En primavera hace buen tiempo, hace sol y un poco viento. 2 En verano hace buen tiempo. Hace sol y hace mucho calor. 3 En otoño hace viento, está nublado, hace mal tiempo. 4 En invierno hace mucho frío y nieva.

C   Map 1.

7   Hace más calor que en España

A   *Examples*:

1 En Chile hace más frío que en México. 2 Panamá está tan lejos de Perú como Honduras. 3 En Venezuela hace tanto calor como en Colombia. 4 En Uruguay hay menos sol que en Ecuador. 5 En los Andes peruanos hace tanto fresco como en los Andes bolivianos. 6 Honduras está más cerca de Guatemala que Paraguay.

UNIT 7

1   ¿Qué recuerdas?

A   1 ¿Dónde está la calle principal? 2 Todo recto, al final de la calle. 3 El estanco está en la esquina enfrente del mercado. 4 Hace muchísimo calor en primavera. / En primavera hace muchísimo calor. 5 No llueve en invierno. / En invierno, no llueve.

B   1 Hace muchísmo calor. 2 En casa de la hermana de Patricia. 3 Desde casa de Domingo: Toma la calle de enfrente y sigue todo recto hasta el final de la calle. Tuerce a la derecha y allí está, entre el cine y el bar. 4 Para celebrar la nueva casa de la hermana de Patricia.

C   1 Todo recto y tome la segunda a la izquierda; está a la izquierda. 2 Todo recto, tome la segunda a la izquierda, continúe recto y tuerza a la derecha en la plaza. En la plaza tome la calle de enfrente y tuerza la primera a la derecha. Allí está, enfrente. 3 Todo recto, tome la segunda a la izquierda y continúe recto. Tuerza a la derecha en la plaza; en la plaza tome la calle de enfrente y continúe recto hasta el final. Está a la derecha.

2 Un billete

A 1 Quiero dos billetes de ida y vuelta para Gijón en segunda, fumador. 2 Quiero un billete de ida para Mérida en segunda, no fumador. 3 Quiero tres billetes de ida y vuelta para Pamplona en primera, fumador. 4 Quiero un billete para Málaga de ida en segunda, no fumador.

B **a** 2, **b** 5, **c** 1, **d** 3, **e** 4.

3 El calendario y la hora

B (*The day of the week will change each year.*) 1 el trece de septiembre, 2 el dos de enero, 3 el veintiséis de diciembre, 4 el catorce de marzo.

C 1 **c** No, 23 de septiembre.

2 **a** No, 18 de marzo. 3 **d** No, 15 de septiembre. 4 **e** No, 13 de agosto. 5 **b** No, 2 de noviembre.

D 12:45, 20:05, 18:15, 03:30, 01:25, 11:00, 19:20.

E *Examples*:

¿Qué hora es? – Son la cinco menos diez.

¿Qué hora es? – Son la siete menos veinticinco.

¿Qué hora es? – Son la diez y diez.

F 1 11:55. 2 12:44. 3 08:20. 4 09:22. 5 19:56. 6 18:59.

G See transcript on page 54.

4 Quisiera más información

A 1 **h**, 2 **e**, 3 **a**, 4 **d**, 5 **g**, 6 **b**, 7 **c**, 8 **f**.

B *Avianca 876 is from Caracas, not Bogotá.* Flight from La Paz arrives at Gate 16, not 17.

The Madrid flight is 15 minutes late, not 10.

The flight to Quito departs from gate 17 not 16.

The flight to Asunción is not direct; you have to change in Buenos Aires.

The flight to Los Angeles has been cancelled, not delayed.

C puedo, Puede, más, barato / rápido, rápido / barato.

D 1 ¿Cómo podemos ir a Cuzco? 2 ¿Puedo reservar asiento? 3 ¿Puedo pagar con tarjeta de crédito? 4 ¿Se puede fumar en el autobús?

F 1 Cuánto, 2 De qué, 3 A qué, 4 Cómo, 5 A qué.

G *Examples*:

1 ¿Cómo puedo ir a … ? 2 ¿Puedo pagar en efectivo? 3 ¿Tengo que bajar aquí? 4 ¿De qué andén sale el próximo tren? 5 ¿A qué hora llega? 6 ¿Se puede fumar aquí? 7 ¿Tengo que reservar asiento?

5 Preposiciones

A 1 para, 2 de, 3 en, 4 de, 5 a, 6 en, 7 a, 8 Para, para, de, 9 a, hasta, de, 10 para, por.

B 1 bonita 2 divertida 3 grande 4 hace 5 desde 6 rápido 7 caro 8 más 9 tan 10 como 11 ocho y media 12 once y cinco 13 puedo 14 andando 15 directo 16 podemos 17 puedo 18 prefieres 19 te gustan 20 podemos 21 te gusta.

Descubre el mundo hispano

A 1 Avión, tren, autobús y barco. 2 Cuzco y sus calles, Aguas Calientes, Machu Picchu, Puno, La Raya, lago Titicaca y la Lima (colonial y moderna).

B 1 V, 2 F, 3 F, 4 V, 5 V.

UNIT 8

1 ¿Qué recuerdas?

A

	Tipo de billete y destino	Clase	¿Cuándo? (hora/día)	Precio	Otra información
1	*Ida y vuelta, Madrid*	2	*hoy/esta tarde Sale a las 19:30. Llega a las 21:00.*	*14€*	
2	Ida × 2 Talavera	2 (turista)	miércoles por la mañana Sale a las 11:00. Llega a las 15:00.	9€ × 2	Con transbordo en Toledo. Vagón restaurante.
3	Ávila				Anden 6, sale con 15 minutos de retraso.
4	Segovia				Anden 2, llega con 5 minutos de retraso.
5	Ida y vuelta Salamanca	1	Hoy a las 13:00. La vuelta: 13/8 por la noche.	44€	No fumador. Paga con tarjeta de crédito.

B *Order is:* 2, 5, 3, 4, 1.

2 Una habitación doble con baño

A una habitación reservada.

Guillermo Lombardero.

Guillermo G-U-I-L-L-E-R-M-O,

Lombardero L-O-M-B-A-R-D-E-R-O.

No, una habitación doble con dos camas y baño.

Para tres noches desde el 23 de octubre.

C 1 The name is Rafael on the bill and Adso in the letter. 2 The month on the bill is October (15/10 and 16/10) and in the letter November.

3 There are two nights in the bill (15 and 16) and in the letter there are three (from the 15th November). 4 The bill is for two people, but the letter asks for a single room.

D

	habitación individual/ doble	con baño/ ducha	pensión media/ completa	no. noches	no. habitación	otra información
Cliente 1	*doble con cama de matrimonio*	*baño*		*3*		Juan García. El hotel tiene piscina climatizada, jacuzzi y gimnasio.
Cliente 2	individual	baño	pensión completa	1	124, 1° piso	Luis Muñoz. Pide el carnet de identidad. Servicio de habitaciones.
Cliente 3	doble con dos camas	ducha	pensión completa	2		Este fin de semana. El hotel está completo.
Cliente 4	doble con dos camas	baño		1	310, 3° piso	Patricia González. El ascensor al final del pasillo.

E Servicios: aire acondicionado, caja fuerte, deportes, jacuzzi, jardín/terraza, parque infantil, piscina, piscina climatizada, restaurante, salón de reuniones, sala de juegos, secador de pelo, solarium, teléfono, televisión, tenis, tiendas, TV satélite.

1 1.136. 2 Habitaciones con aire acondicionado, cuarto de baño completo con secador de pelo, TV vía satélite, teléfono y terraza con vistas a la montaña o vistas a la piscina/jardín con suplemento y servicio de caja fuerte en alquiler. 3 Tres. 4 A la carta. 5 Paddle, tenis, golf. 6 Sí, hay parque infantil. 7 Amplio programa de entrenimiento y animación para adultos y niños durante el día, con shows y música en vivo por las noches. Descuentos en green fees en varios campos de golf.

F *Examples*:

El hotel Meloneras está en la playa y el hotel Gran Canaria está en el centro de la ciudad. En el hotel Meloneras tiene 1.136 habitaciones y el hotel Gran Canaria 227. El hotel Meloneras tiene piscina, pistas de tenis y paddle y el hotel Gran Canaria solo tiene piscina. El hotel Meloneras es más grande que el hotel Gran Canaria.

G El hotel Meloneras está menos céntrico que el hotel Gran Canaria.

H *Examples*:

1 ¿Cómo son las habitaciones? ¿Qué servicios tienen? 2 ¿Qué servicios hay en el hotel AC Gran Canaria? 3 ¿Cuántas habitaciones y plantas tiene el hotel? 4 ¿Cuál es su dirección?

I *Example:*

Muy señores míos:

Les ruego reservarme una/dos habitación(es) para ... noches a partir del ... de ... próximo.

Les agradecería me enviasen confirmación de la reserva, así como información sobre su hotel y los servicios que tienen. También les agradecería me enviasen información

sobre la zona, posibles excusiones, festivales, etc.
Les saluda atentemente

3 Permiso y quejas

A 1 No se puede fumar. 2 No se puede aparcar. 3 No se puede hablar. 4 No se puede comer. 5 No se puede jugar (al fútbol).

B 1 La habitación está sucia. 2 No hay papel, no hay toallas, no hay jabón. 3 El café está frío. 4 La televisión no funciona. 5 La mesa está sucia. 6 La calefacción no funciona. / La habitación está fría.

C 1 El aire acondiconado no funciona. 2 Los vasos están sucios. 3 La piscina está cerrada, la calefacción no funciona. 4 No hay sal.

4 La vivienda

A 1 hay, 2 está, 3 es, 4 está, 5 Hay, 6 hay, 7 está.

B 1 Our house is old and your flat is new. 2 Our book is on the table in the dining room. 3 The notebooks are in your rooms. 4 Our daughters are in the bedroom. 5 Our uniforms are in their/his/her/your cupboard. 6 The key is in our room. 7 His/Her/Their/Your brother is in our house. 8 Nuestros libros están en la mesa. 9 Tus/Sus/Vuestros bolígrafos están en nuestras bolsas. 10 El mapa está en el pared.

C 1 Es vuestro dormitorio. 2 Es su piso (de él). 3 Es mí sillón. 4 Es nuestra cama. 5 Es tu estantería. 6 Es su habitación (de ella). 7 Es su coche (de Carmen y Juan). 8 Es su casa (de ellos).

Descubre el mundo hispano

A *Examples:* tortillas, chili, mariachi…

B 1 F, 2 V, 3 V, 4 F (They are more comfortable, but the gardens are no more beautiful than the other places mentioned).

C There are different definitions but they should include these criteria: conservation measures to be put in place, indigenous population to be fully included, financially viable and self-supporting.

D *Order:* **c**, **b**, **f**, **d**, **e**, **a**.

UNIT 9

1 ¿Qué recuerdas?

A 1 Seis (salón, comedor, cocina, 2 dormitorios, baño). 2 No, está en la playa. 3 Sí, a cinco minutos andando. 4 Aparcamiento, piscina y jardín. 5 Sí.

B *Example:*

– Quisiera reservar una habitación.
– Doble.
– Dos.
– Desde el 1 de julio.
– ¿Puede recomendarme otro Parador o hotel en la zona?
– ¿Qué puedo hacer?
– Voy a preguntar a mi amigo y le llamo ahora mismo.

C 1 **c**, 2 **e**, 3 **d**, 4 **a**, 5 **f**, 6 **b**.

2 Todos los días

A **b**, **h**, **d**, **a**, **c**, **f**, **e**, **g**

C *Examples:*

1 Elena tiene un horario de noche (nocturno). Trabaja de las doce de la noche a las seis y media de la mañana. 2 Creo que estudia medicina. 3 Porque en la foto lleva uniforme de enfermera.

D **-ar:** despertarse, levantarse, ducharse, desayunar, empezar, terminar, preparar, cenar, escuchar, lavarse, acostarse

-er: comer, volver, ver

-ir: vestirse, ir, dormirse

Regular: levantarse, ducharse, desayunar, terminar, preparar, cenar, escuchar, lavarse, comer.

Irregular: despertarse, empezar, acostarse, volver, ver, vestirse, ir, dormirse.

3 La rutina de Alejandra

A me despierto, me levanto, me ducho, me visto, desayuno, salgo,

Tomo, llego, Trabajo, salgo, como, vuelvo, trabajo, voy, vuelvo, Ceno, veo, escucho, escribo, me lavo, me acuesto, leo, me duermo.

B *Examples:*

¿A qué hora se levanta?   Se levanta a las ocho más o menos.

¿Con quién come?   Come con algún compañero.

¿Qué hace por las tardes?   Va al gimnasio, yoga o clase de piano.

D 1 Todas las mañanas me levanto a las ocho. 2 Este año mis amigos empiezan a estudiar español. 3 Normalmente nos duchamos por las noches. 4 Siempre se duerme con música. 5 Terminamos de trabajar a las nueve. 6 Salgo de la oficina sobre las cinco más o menos.

E 1 always (Siempre tengo mucho trabajo), 2 almost always (casi siempre leo un poco), 3 normally (Normalmente como en la cafetería),

C

en el libro	en la grabación
Vive en Lima.	Vive en Londres.
Es secretaria en un tribunal.	Es au-pair.
Se ducha, se viste, desayuna y sale.	Antes de desayunar, levanta y viste a los niños, luego desayuna con ellos.
Va a trabajar.	Lleva a los niños al colegio y va al colegio.
Trabaja toda la mañana.	Estudia toda la mañana.
Come en la cafetería con algún compañero.	Come sola en casa.
Por las tardes va al gimnasio a yoga o clases de piano.	Lleva a los niños a clase de piano y si está libre va al gimnasio.
Cena y escribe en su diario.	Cena con la familia y escribe alguna carta.

4 generally / in general (vuelve a casa a las 9 por lo general),
5 finally (Finalmente me lavo, me acuesto).

H 1 D, 2 C, 3 A, 4 B.

4 Está de moda echarse la siesta

A 1 Los alemanes. 2 En el sur. 3 Si.

B 1 V, 2 V, 3 F, 4 V, 5 F, 6 V.

5 ¿Qué haces los fines de semana?

A 1 Vamos 2 salimos 3 cenamos 4 nos levantamos 5 vamos 6 vamos 7 tomamos 8 vamos 9 volvemos 10 descansamos 11 nos arreglamos 12 salimos 13 solemos 14 son 15 nos levantamos 16 leemos 17 comemos 18 vamos 19 volvemos 20 vemos 21 escuchamos 22 nos acostamos

B 2 ¿Qué haces/hacéis los sábados por la mañana? 3 ¿Y por la tarde? 4 ¿Dónde comes/coméis los domingos? 5 ¿Qué haces/hacéis los domingos por la tarde? 6 ¿A qué hora te acuestas /os acostáis los domingos?

C 1 to go for a drink during the daytime, 2 to go for a drink later on, 3 to go out for lunch, 4 to go out for dinner, 5 to have an aperitif.

D 1 **b**, 2 **c**, 3 **a**, 4 **e**, 5 **d**.

F ir a exposiciones, ir a correr
ir al cine, ir al teatro
ir de copas, ir de compras
hacer la compra
hacer deporte
tomar el aperitivo
cenar fuera
comer fuera

G 1 por, 2 de, 3 en, 4 para, 5 a, 6 a, 7 por, 8 de.

6 Me encanta la música

A te encanta / te encantan
you love

le encanta / le encantan
he/she loves / you love (formal)

nos encanta / nos encantan
we love

os encanta / os encantan
you love

les encanta / les encantan
they love / you love (formal)

B 1 le encanta, 2 me encanta, 3 nos encanta, 4 les encantan, 5 le encantan, 6 te encantan, 7 os encanta.

C *Example*:

Ⓐ ¿Te gusta el chocolate?

Ⓑ ¿Me gusta? ¡Me encanta el chocolate! En mi casa, nos encanta el chocolate.

Ⓐ ¿Qué más te gusta?

Ⓑ Me gusta el marisco y me encantan las gambas. ¿Y a ti? ¿Te gustan las gambas?

Ⓐ No, no me gustan las gambas.

7 ¿Adónde vas a ir de vacaciones?

A El martes va a comer con Victoria en el restaurante 'el Caldero'.   Y por la tarde va a ir al médico (Dr. Loredo).   El miércoles va a tener un examen de inglés.

El jueves por la mañana va a ir al gimnasio y por la tarde va a ir a la fiesta de cumpleaños de Carmen. El viernes por la tarde va a visitar una exposición Picasso y va a cenar con Carlos. El sábado por la noche va a ir al concierto de 'Los Intocables'. El domingo va a ir de excursión a la sierra con Carmen y Carlos.

B *Examples*:

1 Mañana voy a escribir una carta a mis padres. 2 Pasado mañana todos mis amigos van a bailar a la discoteca. 3 La próxima semana voy a ir de copas con mis amigos. 4 La semana que viene Carlos, Elena y yo vamos a comer juntos. 5 El próximo año Carmen y Eladio van a jugar al tenis todos los fines de semana. 6 El mes que viene mis padres van a ir al teatro conmigo. 7 ¿Vas a venir a la playa el próximo mes conmigo?

C 1 vas, 2 voy, 3 vas, 4 Voy, 5 vas, 6 Voy, 7 vas, 8 voy, 9 voy, 10 vamos, 11 vais, 12 Vamos, 13 Vais, 14 vamos, 15 voy.

F • Va a empezar en Costa Rica, no en Guatemala. • Van a tomar un vuelo directo a Guatemala el día 10.

Descubre el mundo hispano

A 1 V, 2 V, 3 F, 4 F, 5 V, 6 F (muchos, no todos), 7 V, 8 V, 9 V, 10 V.

B 1 Pública. 2 Más bajo de Centro América. 3 No. 4 El presidente.

UNIT 10

1 ¿Qué recuerdas?

A 1 Ramón, 2 Juan, 3 Ramón y Manuel, 4 Juan y Manuel, 5 Juan.

B *Example:* 1, 4.

C *Example:*

Creo que Juan y Manuel son más compatibles, porque los dos son estudiantes, se levantan tarde; y como Juan se ducha por la noche y Manuel por la mañana no se cruzan por la mañana.

D 1 Todos los sábados cenamos fuera. 2 A veces vamos a la discoteca. 3 Laura y Yolanda hacen mucho deporte los fines de semana. 4 Me gusta montar a caballo. 5 Por las mañanas salgo de casa temprano. 6 Todos los veranos tomamos el sol en la playa. 7 Ramón y Maruja van de paseo con su perro. 8 Ahora Carmina toca el piano.

2 Fui a Madrid

A Llegué–llegar, visité–visitar, compré–comprar, di–dar, me levanté–levantarse, fui-ir, visité–visitar, comí–comer, pude–poder, cerraron–cerrar, salí–salir, Fuimos–ir, fuimos–ir, Cenamos–cenar, nos fuimos–irse

B el año pasado, el mes pasado, la semana pasada, hace unos días, el otro día, anteayer, ayer, anoche, mañana, el mes que viene, el año próximo ('en Navidad' will depend on the time of year).

C 1 comimos, 2 jugó, 3 corrieron, 4 bebiste, 5 estudiamos, 6 Viste, 7 cenó, 8 viví, 9 ganó, 10 escucharon.

D *Example:* Ayer me levanté a las (siete). Desayuné (huevos). Comí en casa con mi hermana. Trabajé por la mañana y estudié por la tarde. Por la noche salí con unos amigos al cine.

E 1 Fui a Madrid. 2 Visité el Palacio Real, el museo del Prado, el Centro de arte Reina Sofía y el museo Thyssen-Bornemisza (al día siguiente). 3 Fui de cañas a la Cava Baja. 4 Sí, después de cenar fui con mis amigos de copas a la calle Huertas. 5 Sí, fui a esquiar a Navacerrada.

3 ¿Ser o ir?

A 2 fui, 3 fueron, 4 fuiste, 5 fue, 6 fuimos, 7 fuisteis.

B 1 My parents went to Juan's party. 2 I was the first to arrive at the party. 3 Raquel and Alejandro were the centre of attention at the party. 4 You were too friendly with the guests. 5 Alberto was very generous with his present. 6 My sister and I went dancing after the party. 7 And you didn't go to the disco.

4 Aún hay más números

A 2 trescientos dieciséis, 3 nueve mil trescientos dieciséis, 4 diecinueve mil trescientos dieciséis, 5 quinientos diecinueve mil trescientos dieciséis, 6 un millón quinientos diecinueve mil trescientos dieciséis, 7 doce millones quinientos diecinueve mil trescientos dieciséis.

B 2 nueve mil doscientos sesenta y siete – 7.629 siete mil seiscientos veintinueve. 3 doce mil trescientos ochenta y uno – 18.321 dieciocho mil trescientos veintiuno. 4 noventa y dos mil trescientos setenta y cinco 92.375 – cincuenta y siete mil trescientos veintinueve. 5 seiscientos ochenta y tres mil quinientos cuarenta y dos – 245.386 doscientos cuarenta y cinco mil trescientos ochenta y seis. 6 ciento sesenta y tres mil cuatrocientos cincuenta y ocho 163.458 –

ochocientos cincuenta y cuatro mil
trescientos sesenta y uno.

7 veintitrés millones cuatrocientos
cincuenta y seis mil ochocientos
cincuenta y uno – quince millones
ochocientos sesenta y cinco mil
cuatrocientos treinta y dos.

C 1 La población en Guinea
Ecuatorial es de unos *trescientos
noventa mil* habitantes. 2 La
superficie es de *veintiocho mil
cincuenta kilómetros cuadrados*.
3 España tiene una extensión de
*quinientos cuatro mil setecientos
cincuenta kilómetros cuadrados*.
4 El Teide es la montaña más alta
de España con *tres mil setecientos
diez metros*. 5 En *mil seiscientos
dieciséis* murieron Cervantes y
Shakespeare. 6 El salario mínimo
español en el año *dos mil tres* fue
de *cinco mil cuatrocientos catorce
euros con cuatro centimos* al año.

5 *Estar* y *tener*

A 1 estuve, 2 Fui, 3 estuvimos,
4 fuimos, 5 estuvimos, 6 fuimos,
7 estuvimos, 8 fuimos, 9 estuvo,
10 fue/estuvo, 11 fueron/tuvimos,
12 tuvimos, 13 tuvo.

B VIERNES

Tuvo examen de historia 10:00

Fue a comprar un regalo para
Paloma. Olvidó (*forgot*).

SÁBADO

Fue a la piscina municipal (fue a
nadar con Paloma).

Comió con sus padres en casa.

Fue a bailar.

DOMINGO

Fue al campo a ver caballos (*to
see the horses*).

Parque a las 5:00.

Preparó las vacaciones de esquí

D *Examples:*

1 Se levantaron:¿A qué hora
se levantaron?

2 Fue: ¿Dónde fue a correr?

3 Desayunó: ¿Dónde desayunó?

4 Jugamos: ¿Quiénes jugasteis un partido de dobles?

5 Fui: ¿Con quién fuiste a pasear?

6 Fue: ¿Fue Carmen de compras contigo?

7 Tuve: ¿Tuviste que estudiar mucho para el examen?

E 1 No, tarde. 2 No tuvo tiempo. 3 El autobus no llegó/vinó. 4 Al guarda de seguridad. 5 Porque los sábados no trabaja nadie.

6 Está al sur de Argentina. 7 Una bebida de hiervas. 8 La carne.

B 1 **b**, 2 **c**, 3 **a**, 4 **e**, 5 **d**.

6 Gente importante

A Nació, conoció, fue, movilizó, se casó, participó, se ganó, accedió, se convirtió, actuó, Creó, sostuvo, estableció, Tuvo, viajó, Visitó, Fue, fue, introdujo, fue, obligó, Murió, fue, impulsó.

Descubre el mundo hispano

A 1 Es el tango. 2 Es una región. 3 Buenos Aires. 4 Un cowboy de la Pampa. 5 Néstor Kirchner.

RECORDING TRANSCRIPTS

A number of additional items from the coursebook have been included in the recordings, to provide extra listening and pronunciation practice for students. These items are marked in the Student Book with listening icons.

Some of the reading passages which have been recorded can be heard twice. The first time the passage is spoken at a slower speed, the second time at normal speed, giving students the chance to hear how natural Spanish actually sounds.

UNIT 1

1 ¿Empezamos?

A y B

Hombre: Buenos días, siéntese, por favor. Tengo que hacerle algunas preguntas. ¿Cuál es su nombre?

Mujer: Me llamo Patricia.

Hombre: Muy bien, y ¿cuál es su nacionalidad?

Mujer: Soy española, de Valencia.

Hombre: Y su dirección, ¿cuál es su dirección?

Mujer: Plaza de España número 5, primero A.

Hombre: Y dígame, ¿cuál es su profesión?

Mujer: Soy profesora, trabajo en un colegio.

Hombre Muchas gracias, esto es todo por el momento. Perdón, lo olvidaba, ¿cuál es su número de teléfono?

Mujer: Es el 96 367 19 58.

Hombre: Pues, muchas gracias, ya nos pondremos en contacto con usted.

Mujer: De nada, adiós.

Hombre: Adiós.

D

Carmen: Buenas tardes, me llamo Carmen González. Mi nombre es Carmen y mi apellido es González.

Paco: Yo me llamo Paco López.

Carmen: Encantada.

Paco: Encantado.

2 ¿*Usted* o *tú*?

E

1. **A:** Buenos días, ¿cómo está?
   B: Bien, ¿y usted?
2. **A:** Hola, buenos días, ¿qué tál?
   B: Fatal.
3. **A:** Hola, buenas noches. ¿Qué tál?
   B: Muy bien, ¿y tú?
4. **A:** Buenos días, ¿cómo estas?
   B: Regular, ¿y tú?
5. **A:** Buenas tardes, ¿cómo estás?
   B: Bien, ¿y tú?

3 Los números

A

Los números ganadores del sorteo de hoy han sido: El primer premio ha sido para el número: seis, ocho, cuatro, seis, dos. El segundo premio se lo ha llevado el número: nueve, tres, cinco, siete, ocho. Y el tercer premio ha sido para el número: siete, ocho, cuatro, dos, seis.

¿Cuántos?

Uno, dos, tres, cuatro, cinco, seis, siete, ocho, nueve, diez.

Más números

Once, doce, trece, catorce, quince.

D

Bingo caller: Quince, seis, trece, once, siete, diez, tres, ocho, doce, nueve, catorce, cinco, dos, cuatro, uno.

4 ¿Quién soy?

A

1 Carmen: ¡Hola! Me llamo Carmen, soy española de Madrid y soy mecánica.

2 Fabio: Yo soy Fabio, soy italiano, de Módena, pero vivo en Roma y soy arquitecto.

3 Holgar: Buenas tardes, yo soy alemán, de Berlín, y vivo en Edimburgo. Me llamo Holgar.

4 Marie: Hola, ¿qué tal? Soy francesa de París, me llamo Marie y soy estudiante.

5 Preguntas

A

Fabio: Carmen, ¿eres española?

Carmen: Sí, soy española, de Madrid.

Fabio: ¿Cuál es tu profesión?

Carmen: Soy mecánica.

Fabio: ¿Vives en Madrid?

Carmen: Sí, vivo en Madrid.

Marie: Holgar, ¿es español?

Holgar: No, soy alemán, de Berlín.

Marie: ¿Vive en Berlín?

Holgar: No, vivo en Edimburgo.

D

1

Entrevistadora: Buenos días, ¿cómo te llamas?

Pablo: Me llamo Pablo.

Entrevistadora: ¿Cuál es tu nacionalidad?

Pablo: Soy español, de Galicia.

Entrevistadora: ¿Cuál es tu profesión?

Pablo: Soy estudiante.

Entrevistadora: Y ¿cuál es tu número de teléfono?

Pablo: 982-226-397.

2

Entrevistador: Buenos días, ¿cómo te llamas?

Dieter: Me llamo Dieter.

Entrevistador: ¿De dónde eres?

Dieter: Soy alemán, de Frankfurt.

Entrevistador: ¿Cuál es tu profesión?

Dieter: Soy estudiante.

Entrevistador: Y ¿cuál es tu número de teléfono?

Dieter: 69-943-5236.

3

Entrevistadora: Buenos días, ¿cómo te llamas?

Jean: Me llamo Jean.

Entrevistadora: ¿De dónde eres?

Jean: Soy francés, de París.

Entrevistadora: ¿Cuál es tu profesión?

Jean: Soy arquitecto.

Entrevistadora: Y ¿cuál es tu número de teléfono?

Jean: 01-42-75-35-28.

6 El abecedario

A a b c ch d e f g h i j k l ll m n ñ o p q r rr s t u v w x y z

B

Entrevistador: Buenos días, ¿cómo te llamas?

Juan: Me llamo Juan Fernández.

Entrevistador: Fernández, ¿cómo se escribe?

Juan: Se escribe F-e-r-n-á-n-d-e-z.

Entrevistador: Buenas tardes, ¿cómo te llamas?

Isabel: Me llamo Isabel Martínez.

Entrevistador: Martínez, ¿cómo se escribe?

Isabel: Se escribe M-a-r-t-í-n-e-z.

Entrevistador: Buenas noches, ¿cómo te llamas?

Carmina: Me llamo Carmina García.

Entrevistador: García, ¿cómo se escribe?

Carmina: Se escribe G-a-r-c-í-a.

UNIT 2

1 ¿Qué recuerdas?

B

Entrevistador: ¿Cómo te llamas?

Lynn: Me llamo Lynn.

Entrevistador: ¿Eres estadounidense?

Lynn: Sí, soy estadounidense, de Santa Mónica.

Entrevistador: ¿Vives en Santa Mónica?

Lynn: No, vivo en Ciudad de México.

Entrevistador: ¿Cuál es tu profesión?

Lynn: Soy estudiante.

2 ¿Qué haces/ hace?

D

Carmen: Julia, ¿trabajas en una oficina?

Julia: No, trabajo en un banco.

Carmen: Y Carlos, ¿trabaja contigo?

Julia: No, no trabaja conmigo. ¿Y tú?, ¿trabajas en un hospital?

Carmen: Sí, trabajo en el hospital de "La Paz".

3 ¿De dónde eres/es?

C

1 Carmen: Buenos días, me llamo Carmen. Soy secretaria, trabajo en una oficina. Soy española, de Madrid, pero vivo en Barcelona.

2 Juan: Buenas tardes, yo soy Juan. Soy médico, trabajo en un hospital.

Soy chileno, de Santiago, y vivo en Santiago.

3 Entrevistador: Lynn es estudiante. Estudia español en la universidad de México. Es estadounidense, de California, pero vive en Ciudad de México.

5 Más números

B y C

Bingo caller: Serie 4341001, cartones vendidos noventa y seis del 167 al 263. Con una recaudación de 288 euros. Premio para la línea 35 euros, premio para el bingo 109 euros. Comenzamos: cuatro, sesenta y nueve, veintiuno, treinta y siete, cuarenta y cuatro, noventa y nueve, sesenta y siete, ochenta y ocho, nueve, veintidós, quince, cincuenta y uno, setenta y seis, cincuenta y tres.

6 ¿Cuántos años tienes/Cuántos años tiene?

B

Ricardo: Hola, me llamo Ricardo, tengo veintiocho años. Guillermo tiene tres años y Adso tiene dos años.

María: Y yo soy María. Tengo treinta años.

C

Lynn: Hola, buenos días.

Amigo: Hola, buenos días. ¿Qué tal?

Lynn: Bien, ¿y usted?

Amigo: Bien, pero tutéame.

Lynn: Sí, perdón, ¿y tú?

Amigo: ¿Cómo te llamas?

Lynn: Lynn. ¿Y usted?

Amigo: ¿Perdón?

Lynn: ¿Y tú?

Amigo: Me llamo Ramón Lombardero. ¿Eres estadounidense?

Lynn: Sí, soy estadounidense, de California. ¿Y tú? ¿De dónde eres?

Amigo: Soy mexicano, de Guadalajara. ¿Qué haces?

Lynn: Soy enfermera, trabajo en un hospital, pero ahora estudio español en la universidad de México.

Amigo: ¿Qué lenguas hablas?

Lynn: Hablo inglés y un poco de español. Y tú, ¿hablas inglés?

Amigo: Sí, y francés también. ¿Y dónde vives?

Lynn: Vivo en la residencia universitaria "La Salle", en Ciudad de México. ¿Vives en la residencia universitaria también?

Amigo: Sí, en el Bloque 15. ¿Cuál es tu número de teléfono?

Lynn: No tengo teléfono. ¿Y tú?

Amigo: Sí, es el 57 28 15 36.

D

Guillermo es cubano pero vive en Nueva York. Es taxista y habla inglés y español. Tiene 49 años.

Julio es argentino pero vive en Madrid. Es contable, habla español e italiano y tiene 40 años.

Luisa es colombiana y vive en Bogotá. Es directora, habla español y francés. Tiene 35 años.

UNIT 3

1 ¿Qué recuerdas?

B

A: Cuál es su apellido?

B: López Tello.

A: ¿Dónde vive?

B: En la calle Seis de Junio, número 9, en Valdepeñas, Ciudad Real.

A: ¿Quantos años tiene?

B: Tengo …

A: ¿Qué hace?

B: Soy periodista.

A: ¿De dónde es?

B: Española de Valdepeñas, Ciudad Real.

A: ¿Cuál es su número de teléfono?

B: 926 31 21 49.

A: ¿Qué lenguas habla?

B: Español e inglés.

A: ¿Dónde trabaja?

B: En un periódico.

2 Mi familia

A

1 La hermana de Mariana se llama Luisa.

2 Mariana es la hija de Juan y Lola.

3 Concha es la madre de Carlos.

4 Sebastián es el hijo de Juan.

5 Carlos es el hermano de Conchi.

6 Juan es el marido de Lola.

3 ¿Tenéis hijos?

A

Marina:

Hola, me llamo Marina y voy a hablar de mi familia: Mis padres se llaman Juan y Carmen, tengo un hermano que se llama Guillermo. Guillermo y yo tenemos nueve primos. Mis tíos y mi padre trabajan en un garage, son mecánicos. Todos vivimos en Gerona, y hablamos castellano y catalán. Tambien tengo un perro, se llama Kiko. Y vosotros, ¿teneis una familia grande?

C

Laura: ¡Hola! ¿Qué tal?

Amigo: ¡Hola! ¡Bien! ¡Cuánto tiempo! Y tú, ¿qué tal?

Laura: Muy bien.

Amigo: Dime, ¿qué haces ahora?

Laura: Trabajo con mi marido en un restaurante, somos camareros.

Amigo: ¿Dónde trabajáis?

Laura: Trabajamos en el restaurante "El Caldero", en el centro de la ciudad.

Amigo: ¡Ah sí! y ¿dónde vivís?

Laura: Vivimos en un apartamento cerca del centro.

Amigo: ¿Tenéis hijos?

Laura: Sí, tenemos un hijo y una hija.

Amigo: ¿Cómo se llaman?

Laura: Mi hijo se llama Antonio y mi hija Isabel.

Amigo: ¿Y qué hacen?

Laura: Son estudiantes; Antonio estudia arte en la universidad e Isabel estudia lenguas.

Amigo: ¿Viven con vosotros?

Laura: No, Antonio vive en la residencia universitaria e Isabel vive con una amiga. Y tú, ¿qué haces?

Amigo: Pues yo …

E

Guillermo:

Te presento a mi familia. Éste es mi padre, Juan. Y ésta es mi madre, Carmen. Ésta es mi hermana, Marina. Éstos son mis tíos, Ramón, Ignacio y José. Y éstas son mis tías, Ana, Pilar y Rosario. Y finalmente éstos son mis primos y primas, se llaman Jaime, Rafael, Enrique, Miguel, Ana, Blanca y Raquel.

4 Mi madre, tus hermanos

B

Juan Gómez:

Buenas tardes me llamo Juan Carlos y tengo el placer de presentarles a mi familia. Ésta es mi mujer, se llama Sofía. Éste es mi hijo, se llama Felipe. Felipe está soltero. Éstas son mis hijas, se llaman Elena y Cristina. Elena y Cristina están casadas. Éstos son los maridos de Elena y Cristina, se llaman Jaime e Ignacio. Elena y Jaime tienen dos hijos, sus hijos se llaman Felipe y Victoria. Cristina e Ignacio tienen tres hijos. Sus hijos – mis nietos – se llaman Juan, Pablo y Miguel.

5 Las características físicas: ¿Cómo eres?

D

1 alto, **2** guapa, **3** largo, **4** liso, **5** grande, **6** rubia.

6 La personalidad: ¿Cómo eres?

A

1 Simpático - Antipático

2 Bueno - Malo

3 Generoso - Tacaño

4 Trabajador - Perezoso

5 Pobre - Rico

6 Sincero - Mentiroso

7 Extrovertido - Tímido

8 Sensible - Insensible

9 Tranquilo - Nervioso

10 Responsible - Irresponsable

11 Fuerte - Débil

12 Optimista - Pesimista

13 Listo - Tonto

14 Inteligente - Estúpido

B

Presentador: Radio Amigo te ayuda a buscar tu media naranja. Escríbenos o envíanos una cinta con tus preferencias. Escucha algunos ejemplos.

Ana: ¡Hola! Me llamo Ana, busco a un chico simpático, inteligente y responsable.

Luisa: Soy Luisa, busco a un chico que sea inteligente, generoso, sincero y sobre todo trabajador.

Diana: Me llamo Diana, soy tímida, un poco perezosa, pero muy sincera y busco a alguien como yo.

Descubre el mundo hispano

B

Interviewer: Hoy tenemos con nosotros a una reina de la belleza, que junto a otra venezolana hizo que

Venezuela lograra los títulos de Miss Universo y Miss Mundo en el mismo año. Esto ha convertido a Venezuela en el primer país que, en 1981, logró ambas coronas. Irene, ¿cómo son la mujeres venezolanas?

Irene: [*joking*] Las mujeres venezolanas son bajas, gordas, pequeñas, muy feas, tienen bigote y algunas barba. Ja, Ja, Ja, Ja. Es una broma, son muy bellas.

UNIT 4

2 En el estanco

A y B

Shop assistant: Buenos días. ¿Qué desea?

Client: ¿Cuánto cuestan las postales?

Shop assistant: Veinticinco céntimos.

Client: Quisiera dos postales.

Shop assistant: ¿Algo más?

Client: Sí, ¿tiene sellos?

Shop assistant: Sí.

Client: Quisiera dos sellos para Estados Unidos.

Shop assistant: Aquí tiene, ¿algo más?

Client: Quisiera un periódico también. ¿Tiene periódicos norteamericanos?

Shop assistant: Lo siento, sólo tenemos ingleses, franceses y alemanes.

Client: Quisiera un periódico inglés. ¿Qué periódicos tiene?

Shop assistant: *The Times, the Independent, the Sun* y *the Daily Mirror.*

Client: ¿Tiene revistas inglesas?

Shop assistant: No, lo siento, sólo tenemos revistas españolas.

Client: ¡Qué pena!

Shop assistant: ¿Algo más?

Client: No. ¿Cuánto es todo?

Shop assistant: Son dos postales cincuenta céntimos y dos sellos para Estados Unidos un euro. En total un euro, cincuenta céntimos.

Client: Aquí tiene dos euros.

Shop assistant: Su cambio, cincuenta céntimos. Gracias.

Client: De nada. Adiós.

4 La alimentación

C

Ofertas de la semana en "Ecojuanito": Ternera Argentina de primera a 16€ el kilo. Almejas de Sanlúcar, de Barrameda a 30€ el kilo. Plátanos Canarios a tres euros, cincuenta céntimos el kilo. Y la oferta especial de la semana: queso de cabrales a 11€ el kilo.

F

Cliente: ¡Hola! Buenos días.

Dependiente: ¡Hola! ¿Qué desea?

Cliente: Quisiera una botella de leche.

Dependiente: Muy bien, aquí tiene.

Cliente: ¿Tiene jamón?

Dependiente: Sí, tenemos serrano y de York.

Cliente: Quisiera 250 gramos de jamón serrano.

Dependiente: ¿Algo más?

Cliente: Sí, un paquete de galletas digestivas y dos barras de pan.

Dependiente: Ahora mismo.

Cliente: ¿Cuánto cuesta el queso gallego?

Dependiente: Nueve euros el kilo.

Cliente: ¡Uf! es un poco caro. ¿Cuánto es todo?

Dependiente: A ver, son: una botella de leche, 90 céntimos; 250 g de jamón Serrano, tres euros, cincuenta céntimos, un paquete de galletas digestivas, dos euros, y dos barras de pan un euro. En total siete euros, cuarenta céntimos.

Cliente: Aquí tiene ocho euros.

Dependiente: Su cambio.

Cliente: Gracias. Adiós.

5 La moda

C

1

Cliente: ¿Cuánto vale esa camiseta azul?

Dependiente: Ésa son 32€.

Cliente: Vale, me la llevo.

2

Cliente: ¿Tiene estos pantalones en rojo?

Dependienta: No, lo siento, sólo los tenemos en azul.

Cliente: ¡Qué pena!

3

Clienta: ¿Puedo probarme este vestido verde?

Dependienta: Sí, naturalmente.

4

Clienta: Las camisas, ¿las hay en rosa?

Dependiente: Sí, las hay en todos los colores.

Clienta: ¿Cuánto cuestan?

Dependiente: 45€.

Clienta: Muy bien, me llevo ésta.

D

Dependienta: Buenas tardes, ¿qué desea?

Clienta: Quisiera un abrigo.

Dependienta: ¿Cómo lo quiere?

Clienta: Lo quiero de cuadros azules y amarillos.

Dependienta: ¿Cuál es su talla?

Clienta: Es la 40.

Dependienta: Un momento, aquí lo tiene.

Clienta: ¿Puedo probármelo?

Dependienta: Sí, naturalmente. ... ¿Qué tal? ¿Se lo lleva?

Clienta: No sé, es un poco clásico. ¿Cuánto cuesta?

Dependienta: Cuesta 130€. ¿Se lo lleva?

Clienta: Lo siento, no me lo llevo. Es muy caro.

Dependienta: Éste es más barato.

Clienta: Es muy clásico. Lo quiero más moderno.

Dependienta: Lo siento, sólo tenemos éstos.

Clienta: Vale, gracias.

Dependienta: De nada, adiós.

Clienta: Adiós.

UNIT 5

1 ¿Qué recuerdas?

A

1

Dependiente: ¿Qué desea?

Cliente: Quería un sello para Australia.

Dependiente: ¿Algo más?

Cliente: Sí, necesito una caja de cerillas …

2

Clienta: ¿Cuánto cuestan las gambas?

Dependienta: ¿Las gambas? Son 12€ el kilo.

Clienta: Me da medio kilo, por favor …

3

Clienta: Quisiera ese pollo.

Dependiente: Cuál, ¿éste?

Clienta: Sí, ése. ¿Cuánto pesa?

Dependiente: Dos kilos.

Clienta: Mm. Pues, ¿hay otro más pequeño?

4

Cliente: ¿Tiene aspirinas de 'Bayer'?

Dependiente: Sí.

Cliente: Me da una caja de aspirinas, por favor …

5

Dependienta: ¿Qué desea?

Cliente: Un cuaderno y tres bolígrafos rojos.

Dependienta: ¿Algo más?

Cliente: Sí, ¿tiene agendas?

C y D

Dependiente: Buenos días.

Cliente: Hola, buenos días.

Dependiente: ¿Qué desea?

Cliente: ¿Tiene vinos españoles?

Dependiente: Sí, tenemos vinos de Rioja, Ribera del Duero, Valdepeñas, Ribeiro y Penedés.

Cliente: ¿Cuánto vale el Rioja?

Dependiente: ¿Lo quiere tinto o blanco?

Cliente: Lo quiero tinto.

Dependiente: Éste está de oferta, son 20€.

Cliente: No, ése es muy caro.

Dependiente: El vino de Valdepeñas es muy bueno y es más barato.

Cliente: ¿Cuánto vale?

Dependiente: Vale 10€.

Cliente: Quisiera una botella de vino tinto.

Dependiente: ¿Algo más?

Cliente: Sí, otra botella, de Ribeiro.

Dependiente: ¿Lo quiere tinto?

Cliente: No, blanco.

Dependiente: Muy bien, ¿algo más?

Cliente: No, gracias, ¿cuánto es todo?

Dependiente: Son 25€.

Cliente: Aquí tiene.

Dependiente: Y 5€ de cambio, ¡gracias!

Cliente: De nada, ¡adiós!

Dependiente: ¡Adiós!

2 En el bar

A

Camarero: ¿Qué van a tomar?

Cliente: Para mí, un tinto reserva y una caña para mi amigo.

Camarero: Muy bien, ahora mismo.

Cliente: ¿Tiene tapas?

Camarero: Sí, hay tapas de tortilla, chorizo …

C y D

Clienta: Oiga, por favor.

Camarero: ¡Hola! Buenas tardes.

Clienta: Buenas tardes.

Camarero: ¿Qué van a tomar?

Clienta: Una botella de tinto reserva, dos cañas, un refresco de limón y una coca-cola.

Camarero: Muy bien, ahora mismo.

Clienta: ¿Tiene tapas?

Camarero: Sí, hay tapas de tortilla, chorizo, calamares, gambas, albóndigas …

Clienta: ¿Tiene tortilla de patatas?

Camarero: Sí.

Clienta: Una tortilla y una ración de chorizo.

Camarero: ¿Al vino?

Clienta: Sí, y una tabla de embutidos.

Camarero: Muy bien, ¿algo más?

Cliente: Una tapa de pollo al ajillo y una de pulpo a la gallega.

Camarero: Muy bien, ¿eso es todo?

Clienta: Sí.

Camarero: Entonces: una botella de tinto reserva, dos cañas, un refresco de limón, una coca-cola, una tortilla, una ración de chorizo, una tapa de pollo al ajillo y una de pulpo a la gallega.

Clienta: Sí, y la tabla de embutidos.

Camarero: ¡Ah sí! ¿Pan?

Cliente: Sí, por favor.

Camarero: Ahora mismo.

3 Cenar o comer fuera

A

Menu A La Carta

<u>Primer plato</u>

Ensalada mixta   Plato de la casa
Sopa del día   Especialidad del chef

<u>Segundo plato</u>

Besugo al horno   Merluza a la romana   Lenguado a la plancha
Especialidad de la casa
Pescaditos fritos   Pechuga de pollo gratinada   Cochinillo
Ternera empanada   Chuletas de cordero lechal

<u>Postres</u>

Flan de la casa   Tabla de quesos
Macedonia de frutas   Helados variados

D

Camarero: ¡Buenas noches!

Cliente: ¡Buenas noches! Una mesa para dos.

Camarero: ¿Tiene reservada mesa?

Cliente: No, lo siento.

Camarero: Un momento … Tenemos esa mesa libre.

Cliente: Estupendo, muchas gracias.

Camarero: Aquí tiene el menú.

Cliente: ¿Cuál es el vino de la casa?

Camarero: Es un vino de Valdepeñas.

Cliente: ¡Muy bien! Una botella de vino tinto.

Camarero: ¿Qué van a tomar de primero?

Cliente: La selección de embutidos para dos.

Camarero: ¡Muy bien! El plato de la casa y ¿de segundo?

Cliente: Un lenguado a la plancha para mi amiga y las chuletas de cordero para mí.

Camarero: ¿Cómo las quiere, muy hechas, hechas o poco hechas?

Cliente: Las quiero poco hechas.

...

Camarero: Las chuletas de cordero.

Cliente: Para mí.

Camarero: Y el lenguado para usted. Buen provecho.

...

Camarero: ¿Quieren postre?

Cliente: No, gracias.

Camarero: ¿Cafés? Invita la casa.

Cliente: Sí, uno sólo y un cortado.

4 Me gusta la paella

B

Amigo: ¿Qué te gusta comer?

Amiga: Me gustan las verduras.

Amigo: ¿Te gusta la col?

Amiga: Sí, pero a mi marido no le gusta la col. A él no le gustan las verduras, sólo le gustan la carne y el pescado. Y a ti, ¿qué te gusta?

Amigo: Me gustan los helados.

D

Camarero: ¿Qué tal? ¿Todo bien?

Señor: ¡Muy bien, gracias! Las chuletas están buenísimas.

Señora: Sí, y el lenguado esta riquísimo.

Señor: El plato de la casa nos gusta mucho.

Señora: Sí, mucho.

Camarero: ¿Y el vino?

Señor: Está muy bueno también ...

5 ¿Le apetece un licor?

C

Camarero: ¿Les apetece un licor de manzana, de melón …? Invita la casa.

Cliente: Vale, muchas gracias.

Cliente: Camarero, la cuenta, por favor.

Camarero: Un momento.

Camarero: Aquí tienen.

Cliente: ¿Está la propina incluida?

Camarero: No.

Cliente: Aquí tiene, quédese con el cambio.

Camarero: Muchas gracias.

Cliente: De nada.

Camarero: Adiós.

Cliente: Adiós.

UNIT 6

2 ¿Qué hay en tu pueblo?

A

Employee: Buenos días.

Marco: Hola, buenos días.

Employee: ¿En qué puedo ayudarle?

Marco: ¿Qué hay en Barcelona para los turistas?

Employee: Hay muchas cosas, hay museos, galerías de arte, catedrales, palacios, teatros y muchas tiendas.

Marco: ¿Hay bares?

Employee: Sí, hay muchos.

Marco: ¿Hay restaurantes?

Employee: Sí, muchos restaurantes.

Marco: ¿Hay playa?

Employee: No, no hay playa.

Marco: ¿Tiene mapas de Barcelona?

Employee: Sí, aquí tiene.

Marco: ¡Gracias!

Employee: De nada.

Marco: ¡Adiós!

Employee: ¡Adiós!

C

Entrevistador: Eva, ¿qué hay en el centro de Madrid?

Eva: Hay muchas cosas, en el centro. Hay cinco farmacias, algunas plazas, algunos cines, varios teatros, varias cervecerías, muchos hoteles, aparcamientos y muchísimos restaurantes. Pero no hay hospitales.

4 ¿Ser o no ser?

B

1 Soy Sabrina, soy directora.

2 **A:** ¿Cómo estás?
   B: Regular.

3 ¿Dónde está tu jefe?

4 **A:** ¿Estás soltero?
   B: Sí, estoy.

5 **A:** ¿De dónde eres?
   B: Soy de Oscos.

6 ¿Oscos? ¿Dónde está Oscos?

7 Está en Asturias, España.

8 ¿Es éste tu novio?

9 No, éste es pequeño, feo y antipático.

10 Mi novio es alto, rubio, guapo, fuerte y muy simpático.

5 ¿Dónde está(n)?

C

En mi pueblo hay muchas cosas; mira la estación de tren, está al lado de la estación de autobuses y el colegio está enfrente. El bar está al lado del hotel y la plaza está detrás. El ayuntamiento está enfrente de la plaza y la comisaría está detrás de la iglesia. El parque está muy lejos, cerca del aeropuerto.

E

Passerby:

Siga todo recto y tome la cuarta a la derecha, continúe recto y cruce la Calle Alcalá, luego tome la primera a la izquierda, La plaza de Dalí está allí, en la esquina.

Está lejos, a unos quince minutos andando; todo recto y tome la tercera a la derecha, continúe recto y tome la tercera a la izquierda, está allí, al final de la calle a unos doscientos metros.

G

1 Eva: Sales del metro y gira a la derecha, toma la primera a la derecha, y luego, toma la segunda a la izquierda. Sigue todo recto y toma la primera a la izquierda. Mi casa está allí al final de la calle, en la esquina enfrente de la farmacia.

2 Eva: Mira, sales del metro y gira a la derecha. Cruza la plaza de la República Dominicana y sigue todo recto. En la plaza del Perú tomas la primera a la derecha y continúa recto. Luego toma la segunda a la izquierda y la primera a la derecha. Mi casa está allí, al final de la calle, enfrente de la farmacia.

3 Eva: Mira, sales del metro y gira a la derecha. Cruza la plaza de la República Dominicana y toma la primera a la derecha y luego la primera a la izquierda. Continúa recto y mi casa está a la izquierda, a 100 metros, enfrente de la farmacia.

6 ¿Qué tiempo hace?

C

El pronóstico del tiempo para esta tarde es:

Sol y calor en el sur de España. Nublado en Portugal, con algunas lluvias en el este de la península.

UNIT 7

1 ¿Qué recuerdas?

B

Patricia: ¿Dígame?

Domingo: Hola, Patricia, soy Domingo. ¿Qué tal?

Patricia: Regular, ¿y tú?

Domingo: También regular, hace muchísimo calor y no puedo estudiar.

Patricia: Sí, aquí también hace mucho calor, pero por las tardes refresca en el jardín.

Domingo: ¡Qué suerte!, yo no tengo jardín.

Patricia: Esta noche hay una barbacoa en casa de mi hermana, ¿quieres venir?

Domingo: Sí, gracias, me gustan las barbacoas. ¿Dónde vive tu hermana?

Patricia: Muy cerca de tu casa. Toma la calle de enfrente y sigue todo recto hasta el final de la calle. Tuerce a la derecha y allí está, entre el cine y el bar.

Domingo: ¿Hace mucho tiempo que vive allí?

Patricia: No, la barbacoa es para celebrar su nueva casa.

Domingo: ¡Estupendo!, te veo allí.

Patricia: Sí, a las ocho.

Domingo: Vale, a las ocho.

Patricia: ¡Adiós!

Domingo: ¡Hasta luego!

2 Un billete
B

1 Quisiera un billete de ida para Mendoza en primera clase, no fumador, para el 23 de septiembre.

2 Quisiera un billete de ida y vuelta para Córdoba en segunda clase, no fumador, para el 18 de marzo.

3 Quisiera un billete de ida y vuelta para Tucumán en segunda clase, fumador, para el 15 de septiembre.

4 Quisiera un billete de ida y vuelta para Salta en primera clase, no fumador, para el 13 de agosto.

5 Quisiera un billete de ida y vuelta para Rosario en segunda clase, fumador, para el 2 de noviembre.

3 El calendario y la hora
D

Son las dos menos cuarto.

Son las seis y cuarto.

Son las tres y media.

Son las ocho y cinco.

Es la una menos cuarto.

Son las doce en punto.

Son las doce y media.

Son las once en punto.

Son las siete y veinte.

Es la una y veinticinco.

F

1 El TALGO de Mérida sale a las once cincuenta y cinco.

2 Llega a Cáceres a las doce cuarenta y cuatro.

3 El primer tren de Mérida sale a las ocho y veinte.

4 Llega a Cáceres a las nueve y veintidós.

5 El último tren llega a Cáceres a las diecinueve cincuenta y seis.

6 Sale de Mérida a las dieciocho cincuenta y nueve.

G

Empleado: Buenos días.

Cliente: Buenos días.

Empleado: ¿Qué desea?

Cliente: Quisiera un billete para Sevilla.

Empleado: ¿Lo quiere de ida o de ida y vuelta?

Cliente: De ida y vuelta.

Empleado: ¿Para qué día?

Cliente: Para el veinte de octubre.

Empleado: ¿Por la mañana o por la tarde?

Cliente: Por la mañana.

Empleado: Hay uno a las 7:30.

Cliente: ¿A qué hora llega a Sevilla?

Empleado: Llega a Sevilla a las 10:05. ¿Y la vuelta?

Cliente: El veinticinco por la tarde.

Empleado: Hay uno a las 20:00.

Cliente: ¿Cuánto es?

Empleado: Son 128 euros.

Cliente: Aquí tiene.

Empleado: Su cambio.

Cliente: ¡Gracias!

Empleado: De nada, ¡adiós!

4   Quisiera más información

B

¡Atención! Señores viajeros, el vuelo de Iberia 345 procedente de Madrid tiene 15 minutos de retraso.

¡Atención! Señores viajeros, llegada del vuelo de American Airlines 674 procedente de La Paz por la puerta número 16.

¡Atención! Señores viajeros, llegada del vuelo de Avianca 876 procedente de Caracas por la puerta 23.

¡Atención! Señores viajeros, el vuelo de Aerolíneas Argentinas 215 a Asunción con escala en Buenos Aires está listo para embarcar, puerta 45.

¡Atención! Señores viajeros, última llamada para el vuelo Continental 367 a Quito. Por favor, diríjanse a la puerta de embarque número 17.

¡Atención! Señores viajeros, el vuelo de American Airlines 989 a Los Ángeles ha sido cancelado. Por favor, diríjanse al mostrador de American Airlines.

D

1 ¿Cómo puedo ir a Cuzco?

2 ¿Puedo reservar un asiento?

3 ¿Puedo pagar con tarjeta de crédito?

4 ¿Se puede fumar en el autobús?

5 Preposiciones

A

1 El tren para Salamanca tiene una hora de retraso y sale del andén 17.

2 Carmen es española de Sevilla.

3 Todos los alumnos están en la clase.

4 Me gustan las camisas de seda.

5 ¿Cómo se puede ir a Toledo?

6 Yo voy al colegio en metro.

7 Sale a las dos de la tarde.

8 Para mí un vino tinto y para mi hijo un zumo de naranja.

9 Está a cinco minutos andando, siga todo recto hasta el final de la calle.

10 El autobús para el centro pasa por la calle Arenal.

B

Guillermo:

Sevilla, 30 de junio

Querida Marina:

Lo siento, pero no puedo ir a verte. Ahora tengo mucho trabajo. ¿Por qué no vienes a visitarme? Sevilla, es una ciudad muy bonita, simpática y divertida, no es muy grande y ahora hace buen tiempo.

Es muy fácil desde Madrid, toma el AVE, es el tren más rápido que hay en España, sólo tarda dos horas y media y no es caro – ahora hay una oferta especial y un billete de ida y vuelta cuesta 99 euros. Hay otros trenes desde Madrid, pero son más lentos. El TALGO es un tren rápido, pero no es tan rápido como el AVE.

Mira, si tomas el tren a las ocho y media, puedes estar en Sevilla a las once y cinco. Yo no puedo ir a recogerte, pero mi casa está muy cerca de la estación y puedes venir andando o tomar un autobús directo.

Luego, por la mañana, podemos ir a visitar la Isla Mágica, ahora con el billete de tren te regalan una entrada.

Por las tardes puedo acompañarte a visitar la Giralda, la Torre del Oro y otros monumentos, o si prefieres podemos ir de compras y por las noches, si te gustan las tapas, podemos ir de tapas y cenar fuera, luego ir de copas o ir a la discoteca si te gusta bailar.

Bueno, anímate y escribe pronto. Lo podemos pasar muy bien.

Un abrazo

Guillermo

UNIT 8

1 ¿Qué recuerdas?

A

1

Empleado: ¡Buenos días!

Pasajera 1: ¡Buenos días! Quisiera un billete de ida y vuelta.

Empleado: ¿Para dónde?

Pasajera 1: Para Madrid.

Empleado: ¿En primera o en turista?

Pasajera 1: En segunda clase.

Empleado: ¿Para cuándo?

Pasajera 1: Para esta tarde.

Empleado: Hay uno a las siete y media.

Pasajera 1: ¡Vale! ¿A qué hora llega?

Empleado: Llega a las nueve.

Pasajera 1: ¿Cuánto es?

Empleado: Son catorce euros.

Pasajera 1: Aquí tiene.

Empleado: Su cambio.

Pasajera 1: Gracias.

Empleado: De nada, buen viaje.

Pasajera 1: ¡Adiós!

2

Empleada: ¡Buenas tardes! ¿En qué puedo ayudarle?

Pasajero 2: Quiero dos billetes de ida para Talavera.

Empleada: ¿Para cuándo?

Pasajero 2: Para el miércoles por la mañana.

Empleada: Hay uno a las nueve y otro a las once.

Pasajero 2: A las once. ¿Tengo qué hacer transbordo?

Empleada: Sí, tiene que cambiar en Toledo.

Pasajero 2: ¿Cuánto es el billete?

Empleada: ¿Lo quiere de primera o turista?

Pasajero 2: Turista.

Empleada: Nueve euros cada uno.

Pasajero 2: ¿A qué hora llega a Talavera?

Empleada: A las tres de la tarde.

Pasajero 2: ¿Hay vagón restaurante?

Empleada: Sí.

Pasajero 2: ¡Vale!

3

Empleado: ¡Buenos días! ¿En qué puedo ayudarle?

Pasajero 3: ¿De qué andén sale el tren para Ávila?

Empleado: Sale del andén seis.

Pasajero 3: ¿Tiene retraso?

Empleado: Sí, sale con 15 minutos de retraso.

Pasajero 3: ¡Gracias!

Empleado: De nada.

4

Pasajera 4: ¡Buenas noches!

Empleada: ¡Hola! ¿Qué desea?

Pasajera 4: ¿Cuándo llega el tren de Segovia?

Empleada: El tren de Segovia viene con cinco minutos de retraso y llega al andén dos.

Pasajera 4: ¡Gracias!

5

Empleada: ¿Qué desea?

Pasajero 5: ¿A qué hora sale el próximo tren para Salamanca?

Empleada: A la una en punto.

Pasajero 5: Quisiera un billete de ida y vuelta en primera.

Empleada: ¿Fumador o no fumador?

Pasajero 5: No fumador.

Empleada: ¿Y la vuelta?

Pasajero 5: Para el 13 de agosto por la noche. ¿Cuánto es el billete?

Empleada: Cuarenta y cuatro euros.

Pasajero 5: ¿Puedo pagar con tarjeta de crédito?

Empleada: Sí, naturalmente.

2 Una habitación doble con baño

B

Empleada: Buenos días.

Cliente: Buenos días, tengo una habitación reservada.

Empleada: Su nombre, por favor.

Cliente: Guillermo Lombardero.

Empleada: ¿Cómo se escribe?

Cliente: Guillermo, G-U-I-L-L-E-R-M-O, Lombardero, L-O-M-B-A-R-D-E-R-O.

Empleada: Muy bien, señor. La reserva es para una habitación doble con cama de matrimonio, ¿verdad?

Cliente: No, una habitación doble con dos camas y baño.

Empleada: ¿Y para cuántas noches?

Cliente: Para tres noches desde el 23 de octubre.

Empleada: Su carnet de identidad, por favor.

Cliente: Aquí lo tiene.

Empleada: Habitación 346, en el segundo piso. Firme aquí, por favor.

Cliente: ¿Dónde, aquí?

Empleada: Sí. Su llave.

D

1

Empleada: Hotel el Sol, ¿dígame?

Cliente 1: Buenos días, quiero reservar una habitación a nombre de Juan García.

Empleada: ¿Qué tipo de habitación quiere?

Cliente 1: Una habitación doble con cama de matrimonio y baño.

Empleada: ¿Para cuántas noches?

Cliente 1: Para tres.

Empleada: ¿Cómo se escribe su apellido?

Cliente 1: G-A-R-C-Í-A. ¿Tiene piscina climatizada el hotel?

Empleada: Sí, con jacuzzi, y gimnasio.

2

Cliente 2: ¡Hola! Tengo una habitación individual reservada para esta noche.

Empleada: ¿Su nombre, por favor?

Cliente 2: Luis Muñoz.

Empleada: Sí, una habitación individual con baño para una noche. Habitación 124 en el primer piso. ¿Me da su carnet, por favor?

Cliente 2: ¿Puedo desayunar en mi habitación?

Empleada: Sí, comer y cenar también – todo está incluído en el precio de la habitación. Tenemos servicio de habitaciones. Aquí tiene la llave.

3

Empleado: Hotel París, ¿dígame?

Clienta 3: Quisiera reservar una habitación doble con dos camas y ducha, pensión completa, para este fin de semana, es decir para dos noches.

Empleado: Lo siento, pero el hotel está completo.

Clienta 3: Gracias, adiós.

Empleado: Adiós, buenas tardes.

4

Empleada: ¡Buenas tardes! ¿En qué puedo ayudarle?

Clienta 4: ¿Tienen habitaciones libres?

Empleada: Sí, ¿cómo la quiere?

Clienta 4: Doble con dos camas y baño.

Empleada: ¿Para cuántas noches?

Clienta 4: Para una noche.

Empleada: ¡Muy bien! ¿A qué nombre?

Clienta 4: A nombre de Patricia González.

Empleada: Habitación número 310, en el tercer piso. Firme aquí, por favor.

Clienta 4: Por favor, ¿dónde esta el ascensor?

Empleada: Al final del pasillo.

Clienta 4: ¡Gracias!

3 Permiso y quejas

C

1

Recepcionista: Recepción, ¿dígame?

Cliente 1: El aire acondicionado no funciona.

Recepcionista: ¿Cuál es su número de habitación?

Cliente 1: La 515.

Recepcionista: Enseguida sube el técnico a ver que pasa.

Cliente 1: ¡Gracias!

2

Clienta 2: ¡Camarero!

Camarero: Sí, ¿qué desea?

Clienta 2: Estos vasos están sucios.

Camarero: Ahora mismo se los cambio.

3

Recepcionista: ¡Buenos días! ¿En qué puedo ayudarle?

Cliente 3: Hola, buenos días. ¿La piscina está cerrada?

Recepcionista: Sí, lo siento, la calefacción no funciona y el agua está muy fría.

4

Cliente 4: Camarero, no hay sal en la mesa.

Camarero: Un momento.

4 La vivienda

A

1 En el comedor hay una mesa.

2 El salón está enfrente del dormitorio.

3 La cocina es grande.

4 La cama está en el dormitorio.

5 Hay cuatro sillas en el comedor.

6 En el dormitorio hay un armario pequeño.

7 El pasillo está vacío.

UNIT 9

1 ¿Qué recuerdas?

B

Recepcionista: Buenos días, Parador de Almagro ¿dígame?

Tú: Quisiera reservar una habitación.

Recepcionista: ¿La quiere individual o doble?

Tú: Doble.

Recepcionista: ¿Para cuántas noches?

Tú: Para dos.

Recepcionista: ¿Desde cuándo?

Tú: Desde el uno de julio.

Recepcionista: Lo siento, pero el parador está completo ese fin de semana.

Tú: ¿Puede recomendarme otro parador en la zona?

Recepcionista: Es el 1 de julio y muchos españoles empiezan sus vacaciones de verano, va a ser muy difícil encontrar habitación para ese fin de semana.

Tú: ¿Qué puedo hacer?

Recepcionista: Sólo queda una habitación individual, la habitación es grande y podemos poner una cama supletoria, si lo desea.

Tú: Voy a preguntarle a mi amiga y le llamo enseguida.

Recepcionista: Muy bien, hasta ahora.

Tú: Hasta ahora, adios.

2 Todos los días
B

Elena: Me levanto a las dos y media, me ducho y me visto. Luego como y veo la tele, escucho música o leo el periódico. A las cinco empiezan las clases en la universidad. A las nueve de la tarde terminan las clases y vuelvo a casa. Ceno, estudio y preparo las clases del día siguiente. A las once y media me pongo el uniforme y salgo para el trabajo. Trabajo toda la noche. Llego a casa a las siete más o menos; tomo un chocolate caliente y me acuesto.

3 La rutina de Alejandra
C

Amiga: ¡Hola, Alejandra! ¿Cuánto tiempo sin verte?

Alejandra: Sí, mucho.

Amiga: Cuéntame, ¿dónde vives?, ¿qué haces? ¡Cuéntame, cuéntame!

Alejandra: Ahora vivo aquí en Londres y trabajo para los señores Doughty de au-pair.

Amiga: ¿Estás muy ocupada?

Alejandra: Sí, mucho.

Amiga: Y ¿qué haces durante el día?

Alejandra: Durante la semana me despierto a las ocho menos cuarto, me levanto, me ducho y me visto. Antes de desayunar, levanto y visto a los niños, desayunamos y salgo de casa sobre las ocho y media. Llevo a los niños al colegio y tomo el metro para llegar al colegio a las nueve. Estudio toda la mañana y salgo a la una, normalmente como en casa sola. Por las tardes recojo a los niños a las cuatro y a veces los llevo a clase de piano o a casa. Estudio y si estoy libre voy al gimnasio.

Amiga: Y por las noches, ¿qué haces?

Alejandra: Por las noches ceno temprano con la familia, veo la tele, escucho música o escribo alguna carta. Finalmente me lavo, me acuesto sobre las diez y media, casi siempre leo un poco en la cama y luego me duermo.

H

1

¡Buenos días! Me llamo José Luis. Mi rutina es siempre la misma; me levanto sobre las nueve, me ducho, desayuno y voy a dar un paseo y compro el periódico. Luego vuelvo a casa y como con mi mujer. Después de comer, dormimos la siesta. Por las tardes salimos a dar un paseo, a veces vemos a los amigos y tomamos un vinito en algún bar, cenamos y nos acostamos.

2

¡Hola! Soy Juanma. Todos los días me levanto temprano y voy al colegio. Normalmente como allí. Por las tardes vuelvo a casa, hago los deberes, veo la tele, ceno y siempre me acuesto temprano porque tengo que madrugar.

3

¡Hola! Yo soy "el titi". Yo siempre me levanto tarde y me acuesto tarde. Me levanto y me voy al bar con los amigos, paso la tarde allí con ellos, luego voy a la disco y finalmente a casa.

4

¡Hola! Buenos días, me llamo Pedro. Vivo con mi mujer y mis hijos. Normalmente me levanto temprano, voy al colegio y trabajo todo el día, luego vuelvo a casa y preparo algunas clases para el día siguiente. Ceno con mi familia, acuesto a mis hijos, escucho música o veo la tele con mi mujer y nos acostamos sobre las once.

4 Está de moda echarse la siesta

B

La siesta es un período de tiempo después del mediodía, en el que hace más calor y es destinado para dormir o descansar después de comer. La siesta tiene como objetivo: dividir el día, reponer la mente y prepararse para el trabajo de la tarde. Los españoles que siguen esta saludable costumbre dedican unos quince o treinta minutos a dar una cabezada en un sillón. Y es sólo en verano, en los sitios donde hace mucho calor, cuando adultos y niños se acuestan, se echan en un sofá o en una hamaca en el patio o en la playa.

Pero hoy día la siesta se está convirtiendo en una verdadera revolución que traspasa nuestras fronteras.

5 ¿Qué haces los fines de semana?

A

Alejandra:

Para mí, los fines de semana empiezan los viernes por la tarde. Después de trabajar quedo con mi novio, vamos al teatro, salimos de copas con nuestros amigos o cenamos fuera. Los sábados nos levantamos temprano y vamos a algún mercadillo, en Lima hay tantos que nunca vamos al mismo, después tomamos el aperitivo. A veces en invierno vamos a galerías de arte, museos o exposiciones. Por las tardes volvemos a casa y descansamos. Luego nos arreglamos y salimos a cenar con amigos, y por la noche solemos ir a la discoteca. Me encanta bailar. Los domingos son más relajados; nos levantamos tarde, leemos el periódico, comemos en algún bar y siempre vamos al cine por la tarde. Después volvemos a casa, vemos la tele o escuchamos música pero siempre nos acostamos temprano.

G

1 ¿Qué haces los fines de semana por la tarde?

2 ¿A qué hora terminas de trabajar?

3 ¿Trabajas en un despacho?

4 ¿Te levantas temprano para ir a trabajar?

5 ¿Vas muy a menudo a la piscina?

6 ¿Cuándo empiezas a trabajar?

7 ¿Adónde vas los sábados por la noche?

8 ¿Cuándo sales de viaje?

6 Me encanta la música

C

A: ¿Te gusta el chocolate?

B: ¿Me gusta? ¡Me encanta! En mi casa, nos encanta el chocolate.

A: ¿Qué más te gusta?

B: Me gusta el marisco y me encantan las gambas. ¿Y a ti? ¿te gustan las gambas?

A: No, no me gustan las gambas.

7 ¿Adónde vas a ir de vacaciones?

D

Concha: Félix, ¿adónde vas a ir de vacaciones?

Félix: Este año voy a ir a la playa.

Concha: ¿Con quién vas a ir?

Félix: Voy a ir con mis amigos.

Concha: Y tú, ¿cómo vas a viajar?

Félix: Voy a viajar en avión.

Concha: ¿Qué vas hacer allí?

Félix: Por las mañanas voy a tomar el sol y voy a nadar en el mar.

Concha: ¿Y por las tardes?

Félix: Por las tardes, mis amigos y yo vamos a jugar al tenis.

Concha: ¿Dónde vais a dormir tus amigos y tú?

Félix: Vamos a dormir en un camping en la playa.

Concha: ¿Vais a hacer excursiones juntos?

Félix: No sé, creo que sí vamos a hacer algunas. ¿Quieres venir con nosotros?

Concha: No puedo, voy a ir con mis padres de vacaciones a México y ya tienen los billetes.

Félix: ¡Qué pena!

F

Señoras y señores, bienvenidos a Costa Rica.

Primeramente quiero agradecerles que hayan elegido nuestra agencia para conocer estos dos maravillosos países.

A continuación quiero ponerles al día con algunos cambios que, como ustedes saben, nos hemos visto obligados a realizar, debido a los cambios de horarios y rutas de los vuelos.

Nuestro itinerario, como todos ustedes pueden comprobar, va a empezar en Costa Rica y no en Guatemala como teníamos previsto.

Vamos a pasar los siete primeros días aquí en Costa Rica siguiendo el itinerario previsto en este país.

El día 10 por la mañana, después del desayuno, nos vamos a dirigir al aeropuerto de San José, donde vamos a tomar un vuelo directo a Guatemala. Una vez allí en Guatemala vamos a ir al hotel directamente y el resto del día va a ser libre como ustedes saben. Y continuaremos con el itinerario previsto en Guatemala.

El día 15, después del desayuno nos trasladaremos al aeropuerto de Guatemala para tomar el vuelo de vuelta a Madrid.

Esperamos que estos cambios no les causen muchas molestias, ni inconvenientes. Si tienen alguna duda o pregunta estoy a su disposición.

UNIT 10
1 ¿Qué recuerdas?
A

Manuel: Ramón, ¿qué sueles hacer durante la semana?

Ramón: Bueno, a mí me gusta levantarme temprano y escuchar la radio cuando me ducho. Por las tardes, mis amigos vienen a casa; hablamos, escuchamos música, jugamos a las cartas …
Normalmente me acuesto antes de las doce, porque me gusta madrugar. ¿Y tú, Juan?

Juan: Yo prefiero quedarme en la cama, normalmente me baño por la noche, porque siempre me levanto tarde y no tengo tiempo para nada. Por las tardes prefiero estudiar y necesito tranquilidad. Me gusta estudiar hasta tarde y después me relajo con un buen baño y finalmente me acuesto sobre las doce. Y tú, Manuel, ¿a ti también te gusta levantarte tarde, verdad?

Manuel: Sí, yo me levanto tarde, me ducho, desayuno y voy a la universidad. No me gusta la música, ni el ruido por las mañanas, prefiero no ver a nadie. Normalmente vuelvo a casa tarde, ceno y me acuesto sobre las once.

2 Fui a Madrid
C

1 Ayer mi padre y yo comimos en casa de mi abuela.

2 La semana pasada Juan jugó al baloncesto con mi equipo.

3 Anteayer mis amigos corrieron la maratón.

4 Creo que anoche tú bebiste demasiado.

5 El fin de semana pasado mi compañero y yo estudiamos juntos para el examen de hoy.

6 ¿ Viste esta película el domingo?

7 Ayer toda mi familia cenó junta.

8 El año pasado viví en Francia.

9 Julio Iglesias no ganó el festival de Eurovisión.

10 Mis amigos escucharon el concierto de Christina Aguilera desde fuera.

E
Mariana:

1 ¿Dónde fuiste de vacaciones?

2 ¿Qué lugares visitaste?

3 ¿Dónde fuiste de cañas?

4 ¿Saliste de copas?

5 ¿Fuiste a esquiar?

4 ¿Aún hay más números?
A

1 Dieciséis.

2 Trescientos dieciséis.

3 Nueve mil trescientos dieciséis.

4 Diecinueve mil trescientos dieciséis.

5 Quinientos diecinueve mil trescientos dieciséis.

6 Un millón quinientos diecinueve mil trescientos dieciséis.

7 Doce millones quinientos diecinueve mil trescientos dieciséis.

5 *Estar* y *tener*

A

Jacobo:

Querida Barbara:

Estoy en Valencia de vacaciones. Anteayer estuve en Benijófar, un pueblecito de la costa. Fui con unos amigos y ayer estuvimos en Orihuela y Torrevieja. En Orihuela fuimos a visitar la casa-museo de Miguel Hernández, allí estuvimos toda la mañana. Por la tarde fuimos a la playa y estuvimos tomando el sol toda la tarde. Por la noche, antes de volver a Valencia, fuimos a casa de tu primo Borja para saludarlo. Se alegró mucho de verme y estuvo muy amable con nosotros - nos invitó a cenar en un restaurante típico de la zona. La cena estuvo buenísima, lo pasamos muy bien. En general fueron unos días muy tranquilos y agradables.

Anoche Luis y yo tuvimos que alquilar un taxi para volver a Valencia, porque Carlos tuvo que volver a Valencia antes de cenar.

Ahora tengo que dejarte.

Escríbeme pronto, besos

Jacobo

B

Juanma: ¡Dígame!

Laura: ¡Hola, Juanma! Soy Laura.

Juanma: ¡Hola! ¿Qué pasa?

Laura: ¿Por qué no viniste a la fiesta de Paloma con nosotros? Lo pasamos muy bien …

Juanma: Lo siento, estuve muy ocupado.

Laura: Ah, ¿deberes?

Juanma: Sí, el viernes tuve un examen de historia a las diez y terminé tan cansado que olvidé comprar el regalo de cumpleaños de Paloma, me fui a casa y me quedé dormido en el sofá.

Laura: Y el sábado, ¿qué hiciste?

Juanma: El sábado por la mañana fui a nadar con Paloma y luego comimos en casa con mis padres. Y por la noche fuimos a bailar.

Laura: ¿Por qué no me llamaste el domingo?

Juanma: Lo siento, el domingo fui al campo con cinco amigos a ver los caballos; luego volví a casa para hacer la maleta y preparar las vacaciones de esquí.

Laura: ¿Cuándo te vas?

Juanma: Esta tarde a las dos.

Laura: Bueno, ¡que lo pases bien!

Juanma: Vale, adiós. ¡Nos vemos!

E

Man: Ayer me levanté un poco tarde como todos los días, no tuve tiempo para desayunar. Cuando llegué a la parada de autobús, el autobús no estaba allí y no había nadie, esperé unos veinte minutos pero como no vino, tomé un taxi. Cuando llegué a la oficina, no vi a nadie. ¿Qué pasa? me pregunté. Oí ruido, miré en el despacho de mi jefe, pero no estaba. Entonces vi al guarda de seguridad y le pregunté dónde estaban mis compañeros. Me dijo que seguramente en casa, los sábados no trabaja nadie.

AUDIO CONTENT

The *Access Spanish* audio material consists of two cassettes or CDs, as follows:

TAPE 1
Side 1: Unit 1–Unit 3
Side 2: Unit 4–Unit 6

TAPE 2
Side 1: Unit 7–Unit 8
Side 2: Unit 9–Unit 10

CD1
Unit 1: tracks 1–14
Unit 2: tracks 15–22
Unit 3: tracks 23–33
Unit 4: tracks 34–41
Unit 5: tracks 42–52
Unit 6: tracks 53–60

CD 2
Unit 7: tracks 1–10
Unit 8: tracks 11–16
Unit 9: tracks 17–26
Unit 10: tracks 27–35

REFERENCE CARDS

The following are examples of cards for some of the pair- and groupwork activities in the coursebook. These can also be found on our website www.accesslanguages.com

UNIT 1
2A

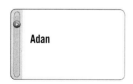

Adan

Eva

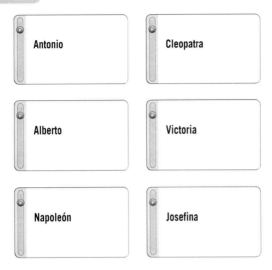

Antonio

Cleopatra

Alberto

Victoria

Napoleón

Josefina

5C

Name	
Nationality	
Profession	
Address	
Telephone	

6C

Ibañez
vivir
Barcelona
Mercedes

Yaguez
ser
Sevilla
Pedro

Fernández
vivir
Madrid
Juan

Rodrigo
ser
Granada
Alejandra

UNIT 4
5A

la falda	los pantalones	la blusa
la camisa	el vestido	el traje
el abrigo	los vaqueros	las botas
los guantes	la bufanda	los zapatos

rojo	azul	verde
amarillo	negro	blanco
naranja	gris	

UNIT 5
3A

> # Menu A La Carta
> ## Primer Plato
> ....
> ....
> ....
>
> ## Segundo plato
> ### Carnes
> ....
> ....
>
> ## Pescados
> ....
> ....
>
> ## Postre
> ....
> ....

3D

<table>
<tr><td colspan="2" align="center">**Restaurante El Cojo**</td></tr>
<tr><td>Mesa nº</td><td></td></tr>
<tr><td>Primer plato</td><td></td></tr>
<tr><td>Segundo plato</td><td></td></tr>
<tr><td>Postre y Cafés</td><td></td></tr>
<tr><td>Bebidas</td><td></td></tr>
<tr><td>Propina</td><td>Total</td></tr>
</table>

UNIT 6

5

Card A

la biblioteca 🏛, Correos ✉, el banco 💰, el cine 🎬

		metro 🚇		
	hospital 🚑	PLAZA	restaurante 🍽	
	oficina de información ⓘ	bar 🍸	hotel 🛎	

✕ You are here

Card B

la galería de arte 🏛, el teatro 🎭, la piscina 🏊, la iglesia ⛪

		metro 🚇		
	hospital 🏥	PLAZA	restaurante 🍽	
	oficina de información ⓘ	bar 🍸	hotel 🛏	

✕ You are here

5D

todo recto/todo derecho	a la izquierda	a la derecha
al final	la primera	la segunda
la tercera		

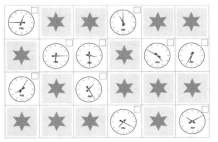

hotel
parador
pensión
albergue juvenil

barato/a
caro/a
cómodo/a
elegante

más ... que
tan ... como
menos ... que

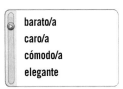

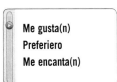

Me gusta(n)
Preferiero
Me encanta(n)

UNIT 10
5C

ayer	el próximo año	la semana pasada
pasado mañana	anteanoche	mañana
anoche	el mes que viene	hoy

UNIT 10
6D/7B

¿Dónde naciste?	¿Adónde fuiste de vacaciones? / ¿Con quien?
¿Estás casado/a?	¿Qué hiciste?
¿Dónde trabajas?	¿Visitastes museos?
¿Tienes hijos?	¿Fuiste a la playa?